师说心语

王 伟 / 主编

U0838231

中原出版传媒集团
中原传媒股份公司

大象出版社
· 郑州 ·

图书在版编目(CIP)数据

师说心语 / 王伟主编.— 郑州 : 大象出版社,
2019. 4
ISBN 978-7-5347-9876-4

Ⅰ. ①师… Ⅱ. ①王… Ⅲ. ①初中—教育工作—文集
Ⅳ. ①G63-53

中国版本图书馆 CIP 数据核字(2018)第 175914 号

师说心语

SHISHUO XINYU

王 伟 主编

出 版 人 王刘纯
责任编辑 梁金蓝
责任校对 牛志远
装帧设计 王晶晶

出版发行 大象出版社(郑州市郑东新区祥盛街 27 号 邮政编码 450016)
发行科 0371-63863551 总编室 0371-65597936
网 址 www.daxiang.cn
印 刷 新乡市龙泉印务有限公司
经 销 各地新华书店经销
开 本 787mm×1092mm 1/16
印 张 14.5
字 数 194 千字
版 次 2019 年 4 月第 1 版 2019 年 4 月第 1 次印刷
定 价 35.00 元
若发现印、装质量问题,影响阅读,请与承印厂联系调换。
印厂地址 河南省新乡经济开发区中央大道中段
邮政编码 453731 电话 0373-5590988

编委会名单

自序

孔子曰："学而不思则罔。"韩愈说："业精于勤，荒于嬉；行成于思，毁于随。"培根也说："思考是行为的种子。"

所谓思考，就是进行比较深入、周到的思维活动，是从感性向理性的发展。它的重要性在于使人们的认识不仅仅停留在事物的表面，而是引导人们获得新的发现。只埋头工作不思考，结果就会变成工作的奴隶；只思考不踏实工作，结果是无法获得实践能力。所以，教学之道，既要勤勉肯干，也要善于思考，更要善于将两者结合，只有这样，我们才能一步步走向成功。

在教育改革的进程中，我们深深感到必须让老师们参与进来。老师们不仅要学习领会新理念，还要创造性实践，更要不断总结提炼。这一切都离不开老师们的思考和体悟。因而，我们就设想借助某种有意义的载体来交流学习，共同提高。这正是我们写"每日悟语"的初衷。

"每日悟语"活动开展近三年来，老师们的变化是可喜的：由起初的摘抄变为现在的原创；从无话可说到下笔成章；由单一肤浅到丰富深刻。内容更是多姿多彩：有教学反思，听课感悟；亦有师生关系，育人新知；还有教育理论新解，班级管理体会，不一而足。文字是记录思考的最佳形式，“每日悟语”记录教师成长的足迹，传递我们对课改的深刻思考，见证我们改革攻坚克难的过程。

“每日悟语”是老师们智慧的结晶，是课改进程的再现和升华，既值得记载，又值得分享。现整理成《师说心语》一书，敬请各位同人批评指正！

目录

常识的回归。

项目课程：激发学生无限潜能

1 语文课堂上，我们的项目课程“采薇”如火如荼地开展着，从课前的短短几分钟，我深刻感受到学生对语文学习的浓厚兴趣。这个平台对学生能力的培养起到了重要的作用，为学生创造了生动活泼的学习气氛，保证了学生课前读书的时间，也保证了课堂上语言实践的时间。“采薇”过程中，要注重学生个人感受和体验的抒发，尊重学生的主动参与权，要有针对性地指导，在内容确定、语言表达、展示形式及方法上进行具体的指导，还要从展示内容、思维能力和姿态气质等方面进行恰当评价，从而达到提高学生口语表达能力和语文素养的目的。（刘仟）

2 都说兴趣是最好的老师，在本周的“采薇”环节我对这句话有了更深的感受。班上有一个小男生，特别喜欢读书，布置下去的计划本，每页上都有他自己感受颇深的一句诗。这周的“采薇”，每个小组展示后他都会提出自己的问题，每次的问题都既切题又“刁钻”，一度成了展示小组的“噩梦”。但是每次“采薇”结束，大家却总喜欢听他提出自己的疑惑或见解，因为他所说的都是自己用心感受到的。在他的鞭策之下，每个“采薇”小组都更用心地准备自己的内容，整个班形成了良好的氛围。兴趣是最好的老师，如何才能激发学生的兴趣却一直是我们工作的难点和重点。“采薇”这个环节，就可以通过激发兴趣，来使每个学生都积极准备、思考。这一方面可以让大家重视记忆“采薇”的内容，另一方面也让大家课下愿意去做更多的准备工作，来迎接课上每一位“挑剔”的小老师的审视！（王卓）

3 今天课上“采薇”的主题是秦观的《鹊桥仙》，虽然两个班是同样的主题，效果却截然不同。一个班听得认真，点评精准；另一个班却相对懒散，讲的人敷衍了事，听的人嬉笑打闹。听完之后，我给出了自己的意见。这些诗词，历经时间的洗刷、战争的摧残、改朝换代的波折，却依然穿越千年和我们对话，告诉我们千年之前的人是如何表达自己的情感的。它们静静地站在那里，等着我们去发现，去阅读，去感受。它们迫切地想被我们熟知，被我们留存在记忆中，从而代代相传。面对这样的古诗词，我们可以不狂热，却不能不尊重。对它们尊重，不是从百度百科上找到讲解、赏析，在课上干巴巴地念出来，尊重它，就好好读读它吧，和它说说话，把自己的心交给它，它也会给你灵魂的回应。起初还有些乱哄哄的课堂，随着这些话逐渐平静下来。对阅读古诗词，我们不应当作一项任务、一个负担，而应该当作是和前人沟通，是穿越千年的对话，这样，我们才能用同理心去读诗词。（王卓）

4 “采薇”每天进行着，形式和内容也在不断创新。一次在讲方言与饮食文化的展示课上，四川人的鞋子掉到了水里，路人听成了“孩子”而急忙跳进水里去救“孩子”，谁知捞上来的却是一只鞋子。“路人”在跳进水里捞“孩子”之前不忘说一句“老师，如果我英勇牺牲了请为第四组加分”。包袱处处皆是，课堂气氛活跃。结束后主讲人还请同学说说自己家乡的方言，在学习知识的过程中也调动了学生的学习积极性，活跃了课堂气氛。下课后这一小组的同学和我说他们的笑点其实还有好几个，因为时间限制不得已删减了，并希望有机会能够再表演一次。这让我无比欣慰，学生在这个过程中不光把眼光放在内容上，还兼顾时间，更重要的是他们体会到了利用好属于自己的五分钟给他们带来了真正的成就感，也让其他同学提高了学习积极性和课堂参与性。（李亚伟）

5 “采薇”项目课程进行得如火如荼，学生对于诗词歌赋的兴趣也越来越浓。在讲《别了，不列颠尼亚》一文时，学生“采薇”展示的是闻一多的《七子之歌》。他们选择其中的台湾、威海卫和广州湾，并在这三首诗的下方画上侵略国家的旗帜。最让我感动的是他们在左上方画了中国地图的轮廓，同时在中间写上“中国领土神圣不可分割”，正上方画上中国国旗五星红旗！学生们齐读诗歌，感情真挚。另外一组在第二天展示了余下四首诗歌，两名女生清唱《七子之歌·澳门》改编的歌曲，一名男生讲解历史背景，小组其他成员也对每首诗做解析，真的是小组全员参与。这就是“采薇”，一个激发了学生学习兴趣的“采薇”！（王清兰）

6 汉字蕴含着丰富的文化意蕴。陈寅恪先生曾说，“凡解释一个字即是作一部文化史”。《趣味汉字字典》前言说：“一个个汉字，就是一幅幅生动展现古人生活的风俗画，在这画卷里脉脉流淌着我们民族文化的心理潜流。”本学期“采薇”项目课程就是专注于发掘文字、词语背后的文化与故事。今天，我和学生分享了“国”字的演变：甲骨文中的国其实是用“或”字来表示的，右边的“戈”表示武器，“□”表示城邑、城墙，意思是武力护卫的城邑、疆域。然后分别板书了演变历程，直到如今楷书的字形“国”，意思就是四境之内皆为王土，而多出的那一点，是用来强调王的权力。还有一种通俗的看法是，“玉”是珍宝，又是美好事物的象征，在国字框里加玉的意思是让我们像爱护宝物一样珍爱自己的国家。通过对“国”字演变历程的分

析，学生们更加深入了解了爱国的内涵。（荣蓉）

7 “采薇”掀起了学生自主学习的新一轮高潮。在项目课程开展之前，课改已经发展了一批为课堂上展示自我而课下自主学习、课上引领合作学习的先学者。项目课程的开展不仅使以前的先学者更加积极主动，而且带动了更多的学生参与课堂，更可喜的是许多学困生虽不能在课堂上对有难度的问题进行展示，但课前可以“大显身手”：有的展示漂亮的书写，有的展示动听的歌曲，有的展示深情的朗诵，等等。他们的参与使课堂响起更多赞赏的掌声。

“采薇”激发了学生创新的热情。刚开始班里展示“采薇”时，一般都是一个学生展示，后来我建议他们多人参与甚至小组成员都参与，让人惊喜的是学生们渐渐都以小组合作展示，并且还设置环节让班里其他同学参与。如11班第一组同学展示了一首写菊花的诗，最后设置了问题“还有哪些写菊花的诗句”，不仅使其他同学更专注于项目课程，活跃了整个班级的气氛，而且还使同学们对学过的知识进行了巩固。第二组同学是展示完后设置了相关的默写。上周12班第六组同学展示的是《水调歌头》，还借助多媒体给同学们播放歌曲等。“采薇”使同学们更懂得如何创新。

“采薇”增强了学生的合作意识。课间对于即将准备“采薇”的小组来说，就不再是休息时间，而是紧张忙碌的设计时间，看吧：一个同学在精心设计“采薇”两个大字的书写，一个同学在快速地写着诗歌内容，一个同学在专注地写着设置的问题，另一个同学在写组内每个成员的分工，还有两个同学在作画呢，她们一个装饰边框，一个在画小猪佩奇，最后还不忘写上“和谐的一家人”。同学们很可爱！每次课前看到学生们忙碌地准备，我心里都会产生一种莫名的感动，是为学生感到欣慰，更是为自己能在这样先进的教学理念指导下和学生一起成长而感到庆幸。

“采薇”中有你，“采薇”中有我，“采薇”中有他，“采薇”一定会成为我们和学生共同的美好记忆。（程荷花）

8 这周学生的“采薇”比较精彩。学生开始将“采薇”与日常生活联系起来。比如，前两天学生“采薇”纷纷选择了与“元旦”相关的内容。15班的学生和大家分享了毛泽东的诗词《如梦令·元旦》。16班的学生讲解了“元旦”的含义——“元”，即“首”，凡数之始称为“元”；“旦”，象形字，上面的“日”代表太阳，下面的“一”代表地平线，“旦”即太阳从地平线上冉冉升起，象征一日的开始。人们把这两个字结合起来，引申为新年开始的第一天。学生还介绍了“元旦”的来历、相关传说、风俗习惯。昨天下雪，今天学生精心准备并讲解了卢梅坡的《雪梅》。“采薇”活动让学生更好地关注生活，发现生活的美好。（郭艳婷）

9 “语文课堂比之前更有意思了”，不仅是学生，连我也这么认为。这积极的改变要归功于我们语文的项目课程——“采薇”。“采薇采薇，薇亦作止。曰归曰归，岁亦莫止。”中国是诗歌的国度，诗歌在中国源远流长，并雄踞古代文坛霸主地位两三千年之久，它是中华民族传统文化的重要组成部分。在强调文化自信的今天，我们的中学生更应该多学习我们自己的诗词文化。学习诗词文化可以增强我们的自信力，学习诗词文化可以增强我们的凝聚力，学习诗词文化可以增强我们的创造力。在不断的摸索中，我初步确定了“吟咏评析，不求甚解，突出情趣，深入浅出”的基本原则。讲台上的孩子们通过创造情境、编写对话来对诗歌进行解读乃至演绎，讲台下的孩子们在快乐愉悦的气氛中感受到了诗歌的韵味和美好，诚可谓：“诗情画意牵情处，闲倚书桌乐融融。”（吕志高）

10 今天去8班上课，后面黑板上“采薇”板块图文展示非常漂亮。两位学生轮流展示，不仅阐释字词意思，而且讲述了与之相关的故事，学生们听后恍然大悟。学生讲了与之相关的三本书中的三个差异化的故事，让我既感慨又佩服。学生通过“采薇”活动，不仅学习了诗歌、词义，而且获得了独立思考的能力。新课程标准把培养学生的人文素养放在语文教育目标的首位，主张语文教学要体现问题意识、个性化学习、主体性学习、开放性教学和建构性教学。项目课程正是提升学生人文素养的一种良好形式。（程相光）

11 清代大学者章学诚说：“记诵者，学问之舟车也。”这句话告诉我们，记忆力是做学问最主要的能力之一。你有没有发现，班级里喜欢背诵的学生一般都很聪明，而且各门功课都很棒！诵记古诗词能让学生回归传统文化，培养语言感受能力，增强自信心，更重要的是能有效地提高学生的记忆力。项目课程“采薇”恰好给学生提供了一个训练记忆力的平台，我们要结合学情把它落实好。现在，学生的记忆力正处于人一生当中最旺盛的时期。这时期的背诵不仅有利于增强人的记忆力，还有利于开发学生的大脑，让学生更聪明，更有智慧，也让他们在长大后具备更多学习其他知识的能力。（张慧敏）

12 今天翻阅学生的“采薇”项目课程小论文，感触颇深。3班的王凯鑫同学写道：“有时我与文人墨客为伴，一同探讨古代诗词的优美；有时我与词语为伴，在词语大天地里自由地漫游；有时我又与丰富的文学为伍，共同领略世界文学大花园的芳香。”程加雨写道：“不知不觉间，我认识了原先不认识的汉字，或是对某一首古诗有了自己的新的见解。这一切都在悄然发生着，只是时间的问题。什么是我们的‘采薇’呢？答案已显而易见，我们所采的‘薇’实则为优秀的语文涵养，不断充实的知识，抑或是拥有、提出一种自己内心深处的想法与见解的能力。”这便是学生对“采薇”项目课程的感受。学生在“采薇”活动中不仅收获了知识，更提高了自身能力。希望学生们都能在“采薇”活动中采撷诗词精华，传承我中华文化。（张慧敏）

13 看了最近一次同学们写的作文“______里的微感动”，我发现很多同学写了诗词里的微感动，阐发了自己对诗词的理解与喜爱，有些同学甚至就某一首诗写了自己的感受，比如一位同学就将题目拟为《〈白头吟〉里的微感动》，写得细腻而真挚。我想平时“采薇”项目课程的开展，潜移默化中对学生已经产生了影响，作文本里一句句古典诗词的引用恰到好处，这令我惊喜而感动。我将继续坚持下去，希望能够看到他们更多、更大的变化。（王培）

14 最近项目课程“采薇”的进行大大提高了同学们在课堂上的积极性，今天尤其让我感到惊讶。第一节课课前，我刚到12班门口，就看到同学们高高举起手臂望着我，当时我还感到惊讶，问他们怎么了，他们说“采薇”呀，这是我没有想到的。我们制定了一个规则：范围不限，朝代不限，作者不限，只有一个要求，别人背过的，不能再背，否则，罚唱歌一首。班里准备了一个专门的小本记录同学们每天背诵的诗词，现在已经陆续记录了几十首，不仅有学过的，还有没学过的，甚至高中课本里的诗词他们都能够流利背出。语文的原始积累就是读，背。“采薇”项目的开展，为学生提供了一个很好的平台，不仅能实现语文知识的原始积累，还能够提供展示锻炼的机会。（王培）

15 “采薇”项目课程开展到现在已有三个多月，在这三个多月中我们班已经通过分诗到组、落实到人的方式，将课标内的三十四首古诗词复习了一遍，课标外的古诗词也在“采薇”活动中由学生集中讲解让大家了解学习。作者介绍、写作背景、诗词大意、重点词语解释及名句理解是同学带领大家复习的重点。第一轮是熟悉的过程，第二轮“采薇”活动将重点实现背记任务。“采薇”活动以背记诗歌主旨，多角度赏析名句为主。活动开展以来，同学们的积极性不减反增，积极准备，主持人提前给课代表背，上课以后随机挑选背诵的题和人，减轻老师的工作，同时也是对知识的全面复习，其他同学在问题提出后或自己默背答案或是再默默地熟读几遍，都充分利用“采薇”的五分钟时间。基于九年级紧张备战中考的学情，我没有让学生更多地自由发挥，但相信他们也会在“采薇”项目课程中得到锻炼，收获知识，收获自信。（魏国旭）

16 开学至今，我们开展的“采薇”项目课程已经进行有一段时间了，且取得了良好的效果。结合九年级古诗文复习要求，我所教班级每日的分享内容以中考必背篇目为主，采用小组轮流制，每两天赏析一首古诗，每次只选取一个角度，或名句欣赏，或体会主旨，有时也会采取限定时间激励背诵等活动。何为“高效”？我认为就是以尽可能少的时间、精力和物力投入，取得尽可能好的教学效果。针对重点，短时间内少量的记忆，日积月累，终会带来质的变化！（杨珂）

17 数学课堂长期以来主要是以“习题演练”“变式训练”“精讲多练”等方式培养学生的解题能力，相对于其他学科而言，数学活动方式单一和不足已是个不争的事实。现在我们所倡导的项目课程——“探寻知识源”，个人感觉弥补了这一缺憾。让学生自己去探索、经历和感悟数学知识的生成，从而逐渐形成数学思维模式，这远比单纯的接受知识重要得多。（刘彦丽）

18 去探寻数学知识源，我觉得就是领会祖辈们那种乐于探索的勇气，善于发现的精神，不懈思考的坚韧，执着创新的追求……而这些都是我们教师需要教给学生的，若真能灵活运用到我们的教学中，则可以让学生彻底领悟数学的伟大：来源于生活，服务于生活，在生活中升华，在升华中沉淀，在沉淀中回归！这样也许能达到学习源于兴趣，育人于无痕之中！（赵盼盼）

19 数学来源于生活，应用于生活。在教学过程中要使数学课堂与学生的生活联系起来，揭示出知识的来源和应用价值，鼓励学生去探索知识源，让学生体验到数学就在他们身边。比如，学习轴对称图形，可以让学生动手做一些轴对称图形展示给大家看，并共同探索其性质。（路秀霞）

20 探寻数学知识源的课堂就是要聚焦核心知识进行教学，对关键的问题进行深加工。此时需要有一种慢的教学艺术，关键时候放慢脚步，让学生进行深入讨论和总结，这样才能使他们真正地理解知识从何而来、如何应用，从而有效地进行课堂教学。此时，等待便是一种美丽！虽然会走一些弯路，但必定会收获多多。抛开更多的预设，这样的课堂才有生命力，让学生明白学数学一定要往深处学，为枝枝蔓蔓的知识点找到回家的路。基于学情，顺学而为，抛开更多的预设，这样的课堂才更有生命力。知识关键处舍得花时间，旁支处一带而过，在适当的时候泼墨如雨，在细小处惜墨如金。（侯永静）

21 周四备课时数学组全体老师讨论如何在上课时探寻知识源，大家各抒己见，我收获颇丰。我认为我们数学组的探寻知识源体现在课前、课中。

课前，有时我们让学生就本节课讲授的知识点找到有趣的数学故事或者数学发展史，抑或是著名数学家的事迹；有时让学生表演与本节知识相关的或者要用到本节知识的情景剧，引起学生兴趣。课中，我们引导学生一步步明确定义，一步步实践操作，猜想结论并证明，由此得到数学定理；要求学生点评时找到本题用到了哪些数学知识或者哪些定理，是怎么想到的。如果我们能够真正地这样做下去，学生的数学成绩一定会更优秀！（陈燕）

22 在学习正方体的展开图前一天，我让8班学生动手做一个正方体，然后沿棱剪开，将正方体的六个面展开，画出得到的平面展开图。上课时，学生分组展示自己得到的平面展开图，孩子们非常兴奋，纷纷拿出自己的成果与大家分享。通过小组代表展示、互相补充、质疑、讨论得到了正方体的十一种展开图，同学们非常激动，仿佛自己是个小小数学家似的。我觉得今后需多引导学生主动探寻知识，让学生真正做学习的主人。（段新花）

23 七年级学生正在学习方程的应用，有部分学生觉得，用小学算术法已能解决应用题，为什么还要学习方程呢？为了调动学生学习的积极性，我让学生了解方程的起源。“方程”一词最早出现于我国古代算书《九章算术》，这部书是在我国东汉初年编定的一部数学经典著作。学生内心的民族自豪感油然而生，学习数学的兴趣顿时大增。所以说数学的学习不能只是简单的模仿与复制，学习数学就是要恢复数学的本来面目，回到数学家当初发明创造的状态，把抽象的、难以理解的学术形态转化为具体的、容易理解的教育形态。（段新花）

24 实施数学项目课程“探寻知识源”以来，学生的参与意识、探究意识进一步增强，并能初步运用数学的方法观察现实世界，分析研究一些具体现象。例如，学习“不等式”的内容后，一个小组展示的项目课程主题为：“给糖水添上一点糖，糖水就更甜了，如何用数学知识解释这一现象呢？”当大部分学生一筹莫展时，展示小组根据糖水中糖的质量与糖水的质量比的变化列出一个不等式，并证明了该不等式的正确性，还为这个不等式命名为“糖水不等式”。生活是数学的源泉，而数学是常识的精微化，数学的眼光是探寻的、洞察的、深邃的、辩证的，应引导学生透过复杂的表象去发现数的规律，去寻找形的结构。我们不能说“糖水加糖更甜了”是数学，但将之提炼为真分数不等式就是数学了。学生们在数学项目课程——“探寻知识源”中定会提升分析问题、解决问题的能力，体会探寻展示的快乐。（段新花）

25 实施项目课程以来，数学“探寻知识源”为学生提供了一个探寻展示的平台，每组同学都能积极准备，虽然形式不是十分多样，但内容还比较丰富。有的小组带领大家探究一种题型；有的小组与其他同学互动进入“数字黑洞”；还有的小组分享用数学的眼光看世界。师生们在探寻着，收获着，感悟着。项目课程，我们在实践中前行！（段新花）

26 这一段时间学习“全等三角形”，刚开始时学生们觉得很简单，后来当遇到需要添加辅助线构造全等三角形时学生们普遍感觉难，没有思路。针对这一情况，我设计“探寻知识源”——如何构造全等三角形，问题是：已知两边对应相等，还需找什么条件证明两个三角形全等？已知一边一角呢？已知两角呢？学生通过逐个分析，明白了证明三角形全等时应如何去寻找条件、创造条件。我同时引导学生练习时要善于反思总结，触类旁通，多问几个为什么，告别低质量的勤奋，不做勤奋的懒惰人。（段新花）

27 相对于其他学科来说，大部分学生认为数学难学，这让我想起了我以前学习数学的情景。那时候不知道为什么要学习数学，更多的是为了应付考试去记忆一些数学公式及解题模式，而不懂得那些东西真正代表的意义。数学本身只是一些符号和运算法则，但这些符号与法则中却蕴含着十分丰富的意义，不明白这些意义，学生对数学的学习只能停留在记忆阶段，不能去灵活运用，所以学生需要了解数学知识（定理、定义、公式等）的来龙去脉，需要亲身体会知识形成的过程，去理解数学知识的本质及意义，这也正是我们的项目课程——“探寻知识源”所需解决的。（王培云）

28 概念是数学知识的重要组成部分，学好数学概念是学好数学的前提和基础。让学生正确理解数学概念是数学教育最重要的目的之一，也是教师的主要教学任务之一。探寻知识源就是在学生学习数学概念时，让学生们通过对自己已接触到的恰当的实例进行组织整理、分析归纳、分类抽象来进行探究，即引导学生在课下搜集实例，在课堂上通过小组讨论、概括总结、直观地形成概念。而我们以往都是靠老师来教概念。例如，对方程的教学，本应该是先进行生活的提炼，然后到数学表达和形式化的过程，再到最终解决方程问题。然而大部分教师都是先给出形式化的方程概念，然后解形式化的方程，最后再进行方程的应用。这种方程教学设计的一个误区在于把思路搞反了。数学概念的教学应当遵循人的一般认识规律，从具体到抽象。如果通过直接给出概念的方法引入概念，往往会给学生的理解带来困难。因此，在今后的教学中，我们应注重知识的生成过程，注意引导学生探寻知识源。（赵予新）

29 今天看了一篇文章，对我们组的项目课程——“探寻知识源”有了进一步的认识。在课堂上有效体现学生探寻知识源的过程，要求我们老师在自己的课堂上要更多地关注数学概念、知识发展的历史本源；关注概念、知识的形成、发展的原始动力与过程；关注现实问题向数学问题的转化过程，真正让学生经历“建模”的过程，体验到数学之于解决实际问题的重要意义；更要关注学生的朴素问题与思维过程，真正激发学生探究的愿望，发展学生理智的好奇。（赵予新）

30 反比例函数课后题有一题用到圆锥的体积公式，好多同学写错，于是我把这个问题定为项目课程的内容，让学生自己推导圆锥的体积公式。一个组的同学自制等底等高的圆柱与圆锥，用圆锥装满水往圆柱中倒，恰好倒三次圆柱满，推导出圆锥体积是等底等高圆柱体积的三分之一。一个组展示的是微积分的推导模式，好多同学发现还能这样推，顿时恍然大悟，于是就有同学想到圆面积公式的推导同样是用微积分来推导的。感谢这两个组的同学，不仅能提供思路动手做数学题，让数学像物理、化学一样能通过做实验得结果，让数学更生动有趣，还能提供更严谨的研究方法，为以后研究数学问题提供了思路和方法。（王金叶）

31 今天上“圆周角定理”，九（1）班孟卓妍同学用一根有弹性的头绳固定两个端点作为圆周角与圆的交点，手拉头绳中间位置并且移动，非常容易地确立了同弧所对的圆周角与圆心的三种位置关系，然后让其他同学根据刚才的演示画图，大部分学生都能很准确地画出来。以前让学生直接画，能把三种情况全部画出来的凤毛麟角。数学来源于生活，让学生体验数学知识的生成过程，参与其中，用数学的眼光观察世界，用数学思维思考世界，数学知识也会变得有趣而简单。（王金叶）

32 今日教授“圆周角定理推论——同弦或等弦所对的圆周角相等”。

学生从三个方面进行了探索：一是，如何推导及利用的定理是什么？二是，如果把“弧”换为“弦”，此推论成立吗？为什么？能得到什么结论？三是，圆周角定理推论为实现曲线型—弧到直线型—角的数量转化，沟通了直线型与曲线型的链接。学生认识很深刻，带给老师的是惊喜。把定理定义给学生，让他们自己发现奥妙比直接告诉他们结果对于孩子们的终身发展更有意义。（王金叶）

33 新课改下，教育工作者必须站在“为了学生一切”“为了每个学生适应未来发展”的高度，去思考和探讨教育教学的方法和育人模式。教师应以学生的生活背景和已有的生活经验为基础，自觉运用这些经验，使之成为数学思维的源头活水。“探寻知识源”，使得学生进一步了解和感受数学和生活生产的联系，让学生在学习过程中对数学更加感兴趣。（王念友）

34 今天学习“弧长和扇形面积”时，我以学校的操场跑道引课，问同学们跑道一圈多少米，大家异口同声地说400米，紧接着就有同学意识到我的问题，说大于400米。我又问，为什么有个别同学跑中长跑时起跑没多久就绕着内圈跑？你知道外圈比内圈长多少米吗？以生活中的实例引课让同学们感受到数学来源于生活，课堂上“指”出来让同学们感受生活中处处有数学，长大后即使他们不从事与数学有关的工作，也能意识到数学就在我们身边，我们离不开数学。（赵丽娜）

35 发散思维可以是横向类比，既然是类，便有相通之处。看到电视，便想到电脑、冰箱、洗衣机，只因同为家电；看到苹果，便想到橘子、梨、西瓜、柚子，只因同为水果。发散思维可以是纵向推理，而数学、物理学、逻辑学多是如此，由同角的余角相等可得角的相等，由边角的相等可得三角形全等，由三角形全等又可得另外的边角相等。纵向推理是依据客观规律而行，否则就会得出矛盾，或是走向歧途。发散思维可以是反问的逆行。看到镜子，我便问镜子是由什么做的，回答说玻璃。“为什么镜子能照人像，而玻璃不能？”回答说玻璃上面有涂层。“那涂层是什么呢？”回答说银。“那银为什么会附在玻璃上？”就这样一步步问下去，溯本求源，收获的就不再是结果，而是整个生成的过程。发散思维可以是对比而得，小与大、轻与重、多与少、高与矮，本是两极，一经碰撞，会看到一种冲突的和谐。看到鱼缸，想到的是大海的波澜壮阔；看到蜡烛，想到的是火山的喷发；看到蚂蚁，想到的是大象。因为反差，更有张力。发散思维可以是联想而得，即如我们平常所言，某物似某物，某物像某物，某物仿佛某物。临湖而立，水波不兴，湖面如镜。镜与湖水本是两物，但因能成像，两者便有了联系。发散思维可以取谐音，恰如文言文中的通假。很多习俗由此而来，平安夜吃苹果，春节贴倒福，家里生孩子煮红鸡蛋，皆是此类。发散思维可以据以上独自而成，也可以综合而成，由一点而成一线，由多线而成一面。譬如由一个鸡蛋，想到幼时所学《达·芬奇画蛋》，经由达·芬奇，而想到《蒙娜丽莎的微笑》《最后的晚餐》，这是艺术之得。看到一个鸡蛋，想到昨天4元一斤，今天3.8元一斤，便疑惑鸡蛋的价格由何而定，问了卖鸡蛋的，说是由饲料成本决定，而饲料成本由什么而定？由粮食价格而定，粮食价格由什么而定？如此便是经济学所得。看到一个鸡蛋，而想到它是一个细胞，蛋黄为核，蛋清为质，蛋壳为壁，若为受精卵，给以温度环境，便有小鸡破壳而出，这就是生物学所得。哲学上讲事物是普遍联系的，而发散思维正是万物联系的桥梁。各个学科虽然不同，但其中很多是可以联系的，我们只要让它们碰撞，就会有很多奇思妙想，而奇思妙想正是创新的源泉。（晁兰兰）

36 从出发地到目的地，你可以牵着学生的手带他过去；也可以给他一个导航，给他交通工具，让他自己过去。传统课堂模式的过程如前者，胜在稳妥保险；而我们初中部的新课改模式如后者，要求学生自主学习，学会求知的方法，虽然过程会曲折一些，却可以让学生走得更远。古人很早以前就说，授人以鱼不如授人以渔，所以优劣自明。

导航越精准，路线设计越合理，走完全程的过程就越安全，用时就越短。导学案就是学生自学的导航，所以，要花大力气把导学案编好，使知识生成过程清晰，重点难点突出，题型丰富，题量适中。

在陌生的地区，特别是路况复杂的地方，即使开了导航，还是免不了走错路，这时候，一个娴熟的向导就显得非常重要了。所以，新课改模式下，课堂上老师的作用就是适时点拨，及时矫错。

新课改模式下，全年级使用同一本学案，可以保证各个班授课内容绝大部分是一样的，这体现了教育的公平。（当然由于各班的管理水平的差异，各班的成绩还是有差异的）现在一直在提帮助农村提高基础教育水平，遏制名校择校热，如果薄弱学校和名校使用一样的导学案，是不是部分上解决了教育不均衡的问题？

就数学学科而言，学生的天赋、基础、学习习惯都不尽相同，这直接影响学生的成绩。所以反对新课改模式的声音中，有一种说法很普遍，就是新课改模式适合成绩优异、头脑聪明的学生，不适合学困生，会加大两极分化。对此，我是这样理解的：婴儿一周岁左右开始学走路，家长第一步做的就是放手，出现第一次分化，绝大部分孩子学会走路，个别腿部有问题的孩子确实无法学会走路；学会走路之后，慢慢会发现有些孩子很适合蹦跳，很擅长跑步，会挑选去学舞蹈、体育。学体育、舞蹈的是少数，不会走路的也是少数，大部分是会走会跳的。新课改模式下，亦是如此，第一步是放手，然后做好导学案的分层、目标分层，最后做到让绝大部分同学把基础打好，至少可以把不拐弯的常规题做得很好。

初中部新课改模式的核心是符合认知过程的。导学案导学三部分，分为预习案、探究案、训练案；课堂授课有三部分，分为教师精讲(如果导学案的质量非常高，这部分可以压缩)、展示讨论、点评点拨。小组建设理解不深入，暂不评论。在这些核心内容不变的前提下，用时、顺序、加分、展示形式应该是弹性的。如何在新课改模式下体现出个人的设计，如何增加包容性，如何体现同课异构，都是我们完善理论的方向。我们目之所及，汽车、灯泡、电脑无不是经过一次次的改进而日臻完美，而且无论再如何改进，汽车还是汽车，灯泡还是灯泡。相信我们的新课改模式会得到越来越多人的理解、认可。（晁兰兰）

37 实践证明，传统教学中靠讲解和机械操练掌握词汇的方法是不行的。现在流行这样一种说法：一节课老师最多讲15分钟，剩下的要么开展活动，要么就让学生自学。每单元至少有两篇阅读材料，我们现在一般都采用阅读教学法，通过发现问题、分析问题、解决问题来获得知识，强调自学与合作学习。（张虎）

38 随着项目课程“Free Talk”的深入开展，我每天都惊叹于孩子的超强创造力和表现力。孩子们结合自己小组的特点设计出独特的表现形式，表演形式丰富多样，总能给你意想不到的惊喜。今天有小组竟巧妙地把英文歌曲融入“Free Talk”中，让所有的学生陶醉其中。板书设计也日益精致，用看似简单的彩色粉笔为大家勾勒出生动活泼的画卷，俏皮精致。学生们听得看得也是津津有味，并且踊跃回答问题，参与点评，享受其中。（刘鸽）

39 践行新课改，教师必须改变自己在教学活动中的角色。教师不应再是单纯的知识传授者，而应像一个导游，将“游客”引入佳境，自由观赏、探究奥秘，但当“游客”对巍然高耸的建筑群茫然不解或不识鸟兽草木之名时，他不会置身事外，而是适时出面做精彩解说，令人如沐春风；有时还要像仙人指路，在“游客”的思路出现滞涩凝绝时，高妙地一“点”，令“游客”收到“ 柳暗花明又一村”的奇效。（刘鸽）

40 “Free Talk”不仅仅是学生展示自我的平台，同时也是相互学习的机会。懂得倾听，懂得鼓励，懂得学习他人身上的长处十分重要。在学生点评环节，起初学生都是以指出其他组的问题和错误为重点，在老师规范评价的角度之后，很多同学开始从优点、缺点及建议等多角度评价。看待事物客观全面，对待别人要宽容，要赞美，也是“Free Talk”这个评价环节带给学生的一种生活态度。（刘宁）

41 “Free Talk”的形式是灵活多变的，这就能够起到一个课前活跃气氛、热身的作用。在这样一种愉悦的氛围中，学生可以从课间较为松散的状态很快进入英语课堂上。由于要回答问题，他们专心于倾听他人的值日报告，专注于观看情景表演。这样一来，学生的注意力开始集中到英语学习中，能很快进入学习状态，从而提高了课堂上的教学效率。（郭会会）

42 项目课程不仅锻炼了学生的口语表达能力，增强了其自信心，巩固了其所学知识，而且增强了学生的创造力和学习英语的积极性。学生通过创作一个个鲜活的情景剧，加上惟妙惟肖的表演及抑扬顿挫的英文表达，令我们的英语课堂更具魅力，吸引每一个孩子参与并享受其中。每次“Free Talk”后学生们都能在快乐的英文氛围中进入新课，学习效果自然不错。尽管我们的项目课程有时还存在动作表演大于语言表达、剧本质量参差不齐、学生排练时间有限等问题，但我们的教育方向是对的，效果也是明显的，那

我们就应该在坚持中不断完善，在完善中不断创新！（郭利青）

43 今天的“Free Talk”，学生将昨天所学改编成对话。学生们非常有想法，套用动画片《小猪佩奇》里面的开场白，模仿各角色语音、语调、动作等。学生们在后黑板上充分展示了他们的绘画功底。同时设置三个问题来检测同学们是否认真聆听。看着他们的精彩表演，我想起了最初“Free Talk”的尴尬，他们一直在进步、在创新，这是他们自己的成长，老师给他们提供一个舞台，让他们尽情展示。（张爽）

44 课程项目“Free Talk”不仅让我看到了同学们的语言能力、组织能力、表演能力、绘画能力，更让我重新认识了那些试卷分数不高的学生。八(12)班一男生，多次为别的组助演，虽然他的成绩不好，但是他很有发音天赋，说出来的英语非常好听。表扬的力量是巨大的，他不仅每天参加“Free Talk”助演，而且在学习时表现得也非常积极。相信他会慢慢地爱上学英语，也感谢“Free Talk”给老师一个多角度认识学生的机会。（张爽）

45 在“Free Talk”过程中，同学们有脱稿演讲的，他们流利的口语、洒脱的表现、自然的神态，激发了其他同学的演讲欲望。榜样的力量是无穷的，在他们的带动下，班上的同学都踊跃报名主动要求参加下一次的“Free Talk”，一部分比较内向、胆怯的同学也大胆地加入了“Free Talk”的行列，由此班上人人有机会，人人都得到锻炼。在本学期的“Free Talk”中，最初每天的话题都是让同学们自愿报名参加的，有一部分内向且不敢开口的学生不能主动参与，为了带动所有学生积极参与，我们班采用了自愿报名和点名安排有机结合的方法，使得所有学生都有机会参与其中，共同进步，共同享受这一环节带给大家的快乐和成就感，班级学习英语的积极性空前高

涨。(罗思远)

46 有条件的班级可以使用多媒体进行“Free Talk”的呈现，以便学生可以更加形象生动地呈现所陈述的话题。例如在“I must ask you to give up smoking”的“Free Talk”中，学生搜集了关于吸烟有害健康的图片。当幻灯片一张张播放时，所有学生都沉浸在那种氛围中，如临其境。比较直观的幻灯片给了学生心灵上的震撼，让学生与该话题有了零距离接触。(罗思远)

47 每日的“Free Talk”已经成了孩子们最喜欢的活动。他们活学活用的对话和活灵活现的表演，把一个个生活场景展示出来，还配有美图。我们已乐在其中。(罗思远)

48 在教学过程中，要给学生足够的时间，让学生充分地阅读课文，充分地思考、探究、理解，让学生充分体会课文，万不可让自主学习流于形式。那种自主学习占用过多时间，会影响教学进度，会影响教学任务的完成的观点是错误的。因为学生通过自主学习会提高学习的兴趣。同时，学生用自己喜欢的方式进行学习，学习效果也有极大的提高。(罗思远)

49 课改过程中，反馈检测也是相当重要的。这是检测学生对知识的落实情况和学生通过学习体验成功、享受快乐的有效环节。形式主要是口语检测和笔试相结合，可以多样。时间充足的话，可对学生进行当堂检测；也可利用早自习或晚自习对部分学生进行综合抽测；还可在课余时间，让每组的小组长对本组的学生进行简单的测试；每天的导学案检查也是一种方式。教师及时发现学生在知识掌握或口语表达方面的不足，并及时进行补充讲解，

不让一个学生因此而掉队。（罗思远）

50 在尝试了新的“Free Talk”演讲形式后，我们又进一步地丰富其内涵，进行了英语辩论赛。在元旦之前选好八名选手，让其商量所在持方和辩手顺序。同学们对辩论的形式不是很熟悉，我就让他们利用假期上网搜资料，找辩论赛视频感受感受。第一期题目定为：“当男生好还是当女生好？”假期结束后一上课，班里提前摆好了正反方的桌子，对阵的气氛一下子就出来了。女辩手清一色选择了当男生好的持方，男辩手也清一色选择了当女生好的持方。论证的角度广泛，男生擅长抽象思维，理科学得好；女生心思细腻，擅长文史类科目；女生摆出了诺贝尔奖获得者中女性占比的数据，男生提出居里夫人、屠呦呦等这样的杰出女性丝毫不逊色于男性。气氛时而剑拔弩张，时而风趣幽默，充满欢声笑语。最后我们投票选出了获胜方与最佳辩手。起先我还一直担心同学们水平不够，会中途进行不下去。在第一次辩论赛试水成功之后，同学们纷纷主动要求参加第二期辩论赛展示自己。（郭丹丹）

51 课改初期，学生的学习兴趣提高了，课堂上充满了欢声笑语，气氛非常活跃，真正做到了在快乐中学习、在学习中感受快乐。学生的集体协作能力得到培养，大家都懂得了如何分工协作、如何团结友爱，真正体会到课堂是他们获取知识的“超市”，是一场生命的狂欢。（于慧娟）

52 每天课前五分钟的“Free Talk”，真是让我大开眼界。他们把角色演绎得惟妙惟肖，让全体同学时而捧腹大笑，时而眉头紧蹙……当每个孩子都有机会参与其中时，学习英语的自信就增加了几分，无形中提高了学习英语的兴趣。（于慧娟）

53 本周课前“Free Talk”时，有一小组表演的主题是《伊索寓言》中的《朋友与熊》。升华句自然是“A friend in need is a friend indeed”。其中扮演主角的一个女孩还以一种幽默的方式反思自己为什么没有逃脱掉而被熊追上了。因为自己体形有些胖，遇到危险时跑不动。由此得出一个结论：平日里坚持锻炼身体是多么重要啊！学生们能想到将寓言题材运用到课前表演中就已经很出乎我的意料了，孩子们凭借着自己的联想能力又赋予其新的解读更是令人感到欣喜。可见该年龄段孩子身上有太多的潜力值得我们去挖掘，去引导，去鼓励！（郭丹丹）

54 实行课改以来，我们初中部的课堂可谓百花齐放，百家争鸣。一石激起千层浪，师生互动，生生互动，神采飞扬。课前的“Free Talk”调动了学生的积极性，激发了学生的学习兴趣；课中的探究展示点评，活跃了学生的思维，培养了学生的自信；课尾的总结提升，巩固了重点，升华了理解。新学期，学生仍要动起来，课堂仍要活起来，效果定会好起来！（陈慧慧）

55 学习任何一门功课都必须有兴趣，有学习的热情，才能促进学生的学习，英语学习也不例外。英语中有很多的固定搭配和语法规则需要学生们去牢记，若把英语课上成死板的记忆课，那么就违背了学生爱探究的天性了，长此以往，英语课的成效将会越来越低。所以如何激发学生学习英语的兴趣，使其在学习过程中获得成就感，爱上英语，是值得我们思考的问题。现阶段，英语课上的项目课程“Free Talk”就卓有成效地回答了这个问题，课堂上学生们的欢声笑语就是最强有力的证明！（陈慧慧）

56 一节英语课如果没有学生的参与和互动，就不是完整的课，尤其是每天的“Free Talk”，同学们课下积极准备，课上踊跃参与，这无疑是给学生一次展示自己的机会，也给了他们说英语的平台。周四的连排课对同学和老师都是很煎熬的，于是我组织学生上了一节“Free Talk”PK赛，把学生六七人分成一组，每组给五分钟准备时间然后上台表演。每组选出一个评委打分，表演者的语音、语调、内容及表演者的幽默风趣都是给分项，积分多的小组为优胜小组，如果并列再进行决赛。我提前几天把这一安排布置下去后，同学们群情激昂，到处都是背台词的声音。比赛那天竞争自然十分激烈，各组总分咬得很紧，通过加时决赛，在临下课的两分钟才决出胜负，我给优胜组的孩子们准备了丰厚的奖品。这节课不仅提高了学生的参与度，几乎人人参与，而且更重要的是提高了他们的学习积极性，功夫在于课外。（白国珍）

57 作为一线教师的我深深地感受到I′m in（参与）课堂改革给我们的课堂教学带来的成长和蜕变。现在我们的英语教学课堂变得更有激情和活力，真正体现了学生为主体、教师为主导的课堂模式。特别是我们最近新增加的课前“Free Talk”环节，学生们做得很好，情景剧生动活泼，深受家长和学生的欢迎和好评。教师要大胆地放手，相信学生，只要教师布置好任务，做好点评，学生做的比我们想象的要好得多，每个学生都有表现的欲望，每个学生都想得到老师和同学们的肯定。课改让学生真正感受到英语课堂是欢乐的。（赵文璐）

58 课上“Free Talk”，一个小组将《狮子和老鼠》的寓言故事编了个小话剧，表演得生动有趣，同学们聚精会神地观看该组的表演。结束后我提问，基本上大家都能复述出故事大意，并且还给该组表演者提出了一些很好的建议，比如，一些旁白可以改为简单的英语语言讲出来，表演动作可以更夸张些，表演小组虚心接受大家的意见和建议。最后，我为他们的表演做了总结，为该小组评了分数。之后，课堂气氛活跃有序，同学们积极举手发言，课尾检查学习效果明显好很多。一堂课好的开始，可以成就好课堂的一半！（臧艳）

59 最近班里很多人变得浮躁起来，“Free Talk”部分不用心准备了，作业也完成得不认真。我想，学生们应该是到了期末倦怠期。这两天便开始针对不同学生的表现，增加课上鼓励和心理“敲打”的次数，批改作业时也结合平时学生课上表现写上一些或是鼓舞或是警示的批语，希望能引导他们尽快摆脱倦怠心理，继续保持积极学习的状态。（臧艳）

60 本学期我担任八年级的《道德与法治》课，转眼间每个班已上了四节课，有欣喜，也有隐忧。欣喜的是六个班的项目课程“焦点时空”均已开展，学科小组或选对印度越界的看法，或谈医患纠纷的原因何在，或谈不文明行为的危害……小组成员分工合作、查阅资料、编写剧本、美工设计、展演体验、讨论探究、质疑补充、归纳总结、点评反馈……学生在合作探究中明白了国家主权和领土神圣不可侵犯、维护国家安全是每个公民的法定义务；明白了医患纠纷产生的原因是多方面的，明白了医生和患者要换位思考，彼此理解包容；明白了要解决不文明行为需要国家、社会和公民共同努力……看着学生在“焦点时空”的平台上规则意识在增强，价值观念在树立……为未来社会上能再多一些合格成员而欣喜。隐忧是，由于班级和学生人数众多，一些能更有效地增强学生法治观念，促进学生养成亲近社会行为的实践课难以开展，如学生身穿律师袍、法官袍感受正规模拟法庭，到法院旁听犯罪案件的庭审，走进社区、农村、工厂、街头、监狱、老人院去近距离触摸感受社会等实践课都无法实现。道德与法治在课本上是没有生命力的条条框框，在社会实践中它们就变成行为底线和保护神器。中华民族复兴需要创新人才，教师必先创新课堂，方能育出有创新能力的学生。育人，虽任重道远，但吾辈正砥砺前行。（杨改云）

61 不知从何时起，因“焦点时空”学生对上课更多了一份期待。六个班展示的各不一样，但一样的是他们都带给了我惊喜与收获。尤其是八（19）班第七小组的“炫富炫父”，带给我的不仅仅有震撼，更有对课堂改革的新思考。因为他们竟然把“焦点时空”从课堂迁移到了社会上。他们自编自导自拍自制了视频，高翌凯同学负责编写剧本、扮演“官二代”和视频后期制作，宋纳川同学负责扮演“富二代”和采访，游镕成同学负责扮演“穷二代”和采访，贾子宸同学负责摄影和采访，王梓霖同学负责摄影、采访和后勤，孙梦婕同学负责摄影和问题总结。在视频里，第一场景是在公园里，李小刚和宋小富两位同学炫父炫富，嘲笑游小麦同学穷。二十年后炫父的李小刚之父垮台，炫富的宋小富之父入狱，而自立自强的“穷二代”游小麦在自己擅长的领域做出了突出贡献；第二场景是街头，采访了三位成年路人；第三场景是新乡市二中校门口，采访了二中的学生，他们分别谈了对炫富炫父的看法。课堂上他们提出的问题是：“作为有志气的当代中学生，我们既不应该‘炫富’，也不应该‘炫父’，我们应该‘炫’的到底是什么？”各小组回答后，他们将同学们的答案予以分类，归纳为四大类：第一类是德智体美方面的，第二类是家庭生活方面的，第三类是集体生活方面的，第四类是社会生活方面的。平时同学们点评后，我总会在赞美之后再提至少一条改进的建议。但是，今天他们的表现让我完全没有想到，他们俨然已成了我的小老师。我没有将课堂搬入社会，他们做到了！我常思考的课堂更深入的改革方向，他们为我指明了！我惊叹到只有赞美没有建议！我惊叹到告诉自己再不更新理念，再不开拓、创新课堂，我将难

以胜任信息时代教师这个角色！谢谢孩子们！与你们一起学习是幸运，更是幸福！（杨改云）

62 本以为八（19）班第七组的“炫富炫父”已经走入社会进行采访，不易超越，谁知道第二组的“焦点时空”——“愿我市行人平安一路”，不仅走上了街头发告别交通违章行为的公益宣传单，还带着同学们走向了世界，让同学们了解了美洲、澳洲、亚洲、欧洲一些国家对交通违章行为的不同处罚措施。环节一新乡市争创全国文明城市后，街头又现中国式过马路的不文明行为。后黑板上的有立体感的红灯、黄灯、绿灯，红色小汽车以这些不文明的违反道路交通安全法的行为为背景，让同学们兴趣盎然，身临其境地感受这些不文明行为的危险性。环节二他们用投影仪展示了多年来道路交通事故数量、死亡人数统计表，用数字说明后果。环节三探究如何在全国创文工作后，使这些交通违章行为不反弹。如何治理这些交通违章行为。他们展示的第二个课件是各国对交通违章行为的不同处罚方法：如美国各州不同，总体来说具有第一次犯处罚较轻、再度犯重罚的特点。某些州对闯红灯行为罚款折合人民币1200元左右，如不缴纳可以采取拘留等强制措施，而且这些记录还会被记入个人社会档案，影响其信用、求职、晋升、保险等。环节四给全班同学和我每人发了一张关于号召大家告别交通违章行为的宣传页，他们共印了300份，其他的宣传页已在街头发放给路人。环节五提出问题，谈感悟。（杨改云）

63 今天7班的“焦点时空”和20班的“焦点时空”都制作了课件，都带给我惊喜，收获与感悟却完全不同。7班的“转基因食品是天使还是魔鬼”，简介我国转基因食品种类及分布，讨论关于社会上转基因致癌、断子绝孙的说法是否科学，让同学们通过方舟子与崔永元之争明白科学要在争论中进步。小组最后得出观点：积极学习、学会识别、科学认识、不走极端、理性选择。20班则上演了一部中国的红色梦想大片，大气磅礴，创意非凡。对党、对十九大的认识竟然可以如此全面。现实中从党的最高领导人到普通老百姓；时间上从1921年至2050年中华民族复兴实现；伴随着《新闻联播》片头音乐及转动的地球，“新闻联播”四个字变成了“焦点时空”四个字；然后一位男同学和一位女同学扮演主持人为观众播报十九大盛况；接着连线十九大现场记者，一位女生现场报道习近平等七人当选中央政治局常委；一位男生西装革履扮演习近平演讲，实现中华民族复兴是中华民族伟大的梦想。然后切入视频，视频里全部是这个小组的男生、女生自己配的音，从《共产党宣言》的翻译到1921年中国共产党的诞生，视频里无数共产党员为新中国的诞生付出了所有；从视频切换到现实，一位男生身着中山装站在椅子上扮演毛主席在天安门城楼宣布中央人民政府成立；再切入视频，钱学森、朱光亚等科学家加入了共产党，这些共产党员为建设新中国艰苦奋斗……最后让同学们探究共产党永远的价值是什么，十九大的作用是什么。他们展示完后我惊呆了！我临时决定不学新课了，就探究党及十九大的话题。我现场采访了他们，为何如此有创意、如此完美，第七组同学回答，因为喜欢，所以准备充分。他们说从上次他们小组展示后，他们就开始利用每个周末策划、准备、制作、修改，有时组员晚上做视频到11点多。“焦点时空”不是作业，可学生的积极性如此之高，兴趣如此之浓厚，热情如此之高涨。我想“焦点时空”真正的魅力所在，就是能真正激发学生自主学习，真正发挥学生的主体作用，真正让学生爱探究、爱创造吧。（杨改云）

64 从“思想品德”到“道德与法治”的改变不仅是学科名称的改变，改变更应体现在教学目标、教学理念和教学设计上，所以，我们尝试在每堂课的前十分钟开展项目课程“焦点时空”。

“焦点时空”的含义：“焦点”即学生关注到的有关自己、家庭、学习、生活、社会、国家中的问题，“时”即十分钟时间，“空”即十分钟内的课堂完全是学生思考、探究、展示、质疑、评价的空间。

“焦点时空”的意义和实施：一是学生在体验探究中关注自己的心理健康，为健康快乐成长助力。心理健康不仅事关学生的健康成长，亦关乎学生未来家庭的幸福、事业的成功。可以通过开展关于“调控情绪，保持乐观平和心境”“学会管理，磨砺坚强意志”“克服盲从，培养高雅情趣”“积极实践，自主创造”等以学生学习小组为单位的不同主题的“焦点时空”来实现。二是学生在体验探究评价中学会自觉用道德与法律规范自己的言行，保证人生不偏离正确方向。道德与法治素养小到关乎学生个人的素养、形象和人际交往，大到影响社会风气，影响国家和民族的尊严和形象，影响我国软实力的提升。通过开展“远离黄赌毒”“老人倒地扶不扶”“不做路怒族”“学习王峰，延伸生命价值”“父母老了，乌鸦反哺”“智对校园暴力”等不同主题的“焦点时空”，使学生不仅关注自己的心理，也关注和他人交往时应遵守的道德与法律的行为规范。三是提升国家认同的学科核心素养，面对越来越多的学生只对追星感兴趣，漠视国事、天下事，“焦点时空”旨在唤醒学生的公民责任感、增强国家意识。可以通过开展“对南海仲裁案说不”“告别雾霾”“捍卫和平我们行”“防腐倡廉从小做起”“传统文化PK外来文化”等主题，引导学生养成关注国事天下事的习惯，升华成为实现中国梦贡献力量的情感。四是提升学生的礼仪礼貌素养、辩证思维能力、语言表达能力、合作能力、搜集资料能力、归纳整理能力、创造创新能力、动手能力等。这通过制定科学规范的“焦点时空”评价标准来实现。如制定的评价标准有：展示时要符合仪容仪表、言谈举止的礼貌礼仪规范；问题设置要有思辨价值；展示形式要创新；声音要洪亮且抑扬顿挫；创作、展示要体现合作；自制道具的可以加分；等等。

自项目课程“焦点时空”实施以来，学生参与的热情空前高涨，学生的创造力令人惊叹，印证了那句“给我一个支点，我能撬动整个地球”。（杨改云）

65 中国，蜚声于世界的文明礼仪之邦，尊老爱幼乃流传千年的传统美德。然而，本周7班的“焦点时空”之“倚老卖老”却激起了我们对“当今社会是老人变坏了？还是坏人变老了？”这一话题的探究。展示小组准备充分，先是列举社会上一些老人倚老卖老的案例，激起同学们对“为老不尊”行为的反对之声；接着又通过新闻采访的形式引导全班同学探讨“部分老人碰瓷背后的心酸原因”。一个正面，一个侧面，思维的火花发生了碰撞，激烈的争辩之后是情感和价值观的升华：“我们不能因为个别人的不善良，违背了我们内心的良知；不能因为个别人的劣行，放弃了我们千年的传承。”此时，教室内响起了雷鸣般的掌声。我想说，礼仪之邦，我们一直在发扬光大。（王淑姣）

66 每一个人都是有待开发的宝藏，一个人要开发自身的潜能需要珍视自己的兴趣爱好，需要广泛参与多方面的活动，需要积极合作，与他人共同完成任务。初中部各学科的项目课程给每一名学生提供了一个发现更好的自己的机会。七年级某班一名县区来的学生，性格腼腆内向，不善于表达，更不爱在公共场合抛头露面，轮到他们组进行“焦点时空”时，组长反映他拒绝参加。在我的小小“惩罚”下，这名学生勉强愿意参与。然而，这无形中改变了这个孩子对参与的新认知，更是激发了他在班级活动中的积极性，看到他那频频高高举起的小手，我心甚是欣慰。我想，这不正是我们项目课程想要促进每一名学生全面发展的最终目的吗？（王淑姣）

67 将近两个月的“焦点时空”活动，孩子们体会到活动带给自己的乐趣、各方面知识和团队凝聚力的重要性。现在孩子们的热情越来越高涨，准备也越来越充分。昨天3班的孩子们准备的主题是“母爱”，通过情景再现和朗诵的形式展现，分享与母亲之间的点点滴滴爱。全班同学也参与进去，述说着与母亲的日常相处，体味母亲的辛劳，这些触动了孩子们的心底，一部分同学因为感动而流下泪水。通过这次活动大家认识到，在平时的生活中我们虽然不能做到像二十四孝中的人物那样，但可以在生活中、学习中、话语中与父母和睦相处，孝顺父母，尽自己最大的努力，让父母欣慰。（万久莉）

68 今天下午第三节是我们3班的历史课，我刚进班还没说话，一名学生就带了几名同学上来进行项目课程“人物鉴”，这名学生自上初中以来就对学习兴趣不大，小错误不断。他突然上来我本以为有什么事，谁知竟然是他参与“人物鉴”，而且是带领者。进行过后，全班说好。经过这次活动，我和全班学生对他的印象都发生了一些改变。而他自己，我想也会大大增强自信心，从而激发出学习兴趣。其实，任何学生对学习都是有兴趣点的，只是没有被激发出来而已！有时候一个学生的改变，可能就在不经意间。不但我们班，我在各班上课时，各班学生对“人物鉴”热情都很高，按照课程，目前所选的人物主要是秦始皇、陈胜、吴广等，但有的班学生准备人物已经准备到曹操了，确实是人物有限，而学生热情不减！时间有限，而学生激情无限！（田伟朝）

69 历史课已进入复习阶段，各班历史课代表问我“人物鉴”是否还继续进行，我说当然继续进行，各班“人物鉴”原则上不再规定人物，可自找人物，自由发挥，自展精彩。于是，很多学生找了课本上没有涉及的人物，进一步丰富了课堂，扩展了课外知识。比如很多班不约而同地讲了卫青、霍去病的故事。新的统编版教材删去了二人的故事，引起了社会很大争议。本来想专门给学生好好补充下这部分内容，没想到学生们通过“人物鉴”自己查资料，自己已经补充了！还有一个班讲的是花木兰的故事，书本上也没有，但这也是脍炙人口的故事。“人物鉴”确实克服了课本的不足，弥补了教学的局限，使学生开阔了眼界，增长了知识，产生了兴趣，明白了事理。（田伟朝）

70 七年级的历史课本知识点少，孩子们又活泼好动，这两个方面的特点决定七年级历史课堂需要活动。所以，在讲《远古的传说》时，我设计了两个活动。一个是针对传说中黄帝和炎帝的发明创造，我设计了“我与炎黄同时代”的活动，旨在让同学们明白当时的发明创造提高了人们的生产生活水平。另外一个是“明星干部故事会”，作为项目课程让学生搜集尧、舜、禹的故事，进而理解禅让制以品德才能为基础，并且引申出今天对班级建设、对社会主义建设的启示。（董晓伟）

71 本周二学习《秦统一中国》，通过历史情景剧让学生体验角色，走进历史，拉近遥远的秦朝历史与学生的距离。在17班，学生表演了历史剧《朝会》，表演者的表演可圈可点。根据剧情，我提出问题：在《朝会》中都要解决哪些问题？在即兴表演《秦囧》后，我又提出问题：秦朝人在旅行途中遇到了哪些问题，又是如何解决的？学生们积极回答问题，课堂的重难点迎刃而解。最后，在掌握了这些知识后，学生展示“人物鉴”：千古一帝——秦始皇。尽管这节课讲的都是丰功伟绩，但是学生能够提出秦始皇残暴的例子，运用了一分为二的评价方法。这节课让我深深地体会到：参与的课堂是最有生命力的课堂。（董晓伟）

72 一位同学在“人物鉴”感悟中说：“老师让我们准备‘人物鉴’的目的是为了培养我们的自学能力。我明白了张骞那种坚持不懈和舍己为人的精神，同时也对历史产生了浓厚的兴趣，我喜欢上了历史课，期待每一次的历史‘人物鉴’。”我看了这一段内容，感到很欣慰，也很感动。我们做老师最希望的不就是学生喜欢自己的课吗？“人物鉴”提升了学生素养，丰富了课堂。（董晓伟）

73 历史项目课程“人物鉴”活动，学生展示得越来越有特点，越来越精彩了。比如昨天在学习《从九一八事变到西安事变》前，八（10）班第四小组准备的情景剧《西安事变》就很有看头。在一个同学旁白的引导下，学生们分别展示了三个场景。第一环节“西安事变前劝谏蒋介石联共抗日”，学生展示了蒋介石顽固实行不抵抗政策和坚持内战的卖国嘴脸，张学良慷慨激昂，声泪俱下，充分表现了对蒋介石的不满，被迫采取兵谏。第二环节学生分别展示了亲日派、亲英美派、中国共产党对如何解决西安事变的不同态度，突出了中共抛弃国共两党恩怨，以民族利益为重，以抗日大局为重的高瞻远瞩的眼光和宽宏大量的博大胸怀。第三环节学生表演了在周恩来等调停下，西安事变得以和平解决。我发现学生的课前准备越来越精细，对历史的理解越来越深入，展示历史人物的语言、表情、动作、情感等越来越到位、细腻；搞笑的噱头减少，学生善于表演的天赋得以充分体现，学生对历史的认知能力提高了。我想，初中部提倡活动育人的目的也就在此了。（韩久林）

74 通过今天七（18）班的“人物鉴”活动，我深刻体会到老师也是课堂的学习者。在今天的“人物鉴”活动中，第三小组成员有讲有演，小组共同参与，展示了明太祖朱元璋的传奇人生，其他小组听得聚精会神，而且纷纷发表感言，还补充了有关朱元璋其他方面的知识，有些故事和材料非常生动新颖。某些材料和内容也是我第一次接触。在谈看法的过程中，少部分学生已经学会用一分为二的观点来评价人物。我想，这是因为他们通过这个活动，掌握了多种多样的人物信息，然后加工生成了自己的认知，无形之中学会了学习历史的方法。有些学生的思维和知识面非常广，老师也是课堂的学习者，要多倾听孩子们的想法，互相学习，提高自己。（白珊珊）

75 本周循环课我讲了《明朝的对外关系》一课，有收获，也有很多不足。首先，历史项目课程环节学生已经从单纯讲人物事迹，发展为自己动手写剧本、表演人物突出的贡献；其次，少部分同学已经学会评价人物的方法，点评表演也是从优缺点两个方面点评。同时也存在不少问题，比如，表演部分学生台词不熟练，少部分同学有看热闹的心态，没能体会这个活动的本质，问题设置比较单调。所以，今后我应该加强对小组项目课程的培训，引导学生多角度去讲述人物、表演人物、评价人物，尤其注意展示人物之后，引导学生多角度设置问题，让其他学生带着问题看人物，这个活动的效果将会更好。（白珊珊）

76 “人物鉴”活动开展以来，有些班级积极性很高，很多小组争先恐后地展示，说明学生对历史人物很感兴趣，这样学生既掌握了历史知识，还锻炼了搜集整理资料的能力及演讲能力。但是大多数学生只是完成了对“人物”经历、成就的讲述，对于“鉴”字体会不深，今后应该多引导学生从自己讲述的历史人物身上谈一些自己的感悟，感知历史的现实意义。对于个别积极性不高的班级，应该采取鼓励措施，通过小组加分等形式，让学生逐步参与到这个活动中。（白珊珊）

77 项目课程在平稳有序地进行着，学生运用已得心应手，可以说课程已经深入人心，尤其是当某个小组因为课件制作得特别精美，或是形式新颖，或小组合作得特别好而加高分的时候，下一个小组一定会铆足劲儿争取自己组展示时做得更好。这是一种比学赶帮超的正能量，让我也深受鼓舞，同时也从学生的选材中扩展自己的知识面，丰富自己的生活！（陈东丽）

78 项目课程能够不断地创新实践，就是因为学生天生就有一种有所作为、被人赏识的需要，他们需要自我实现，自我尊重，需要有对其他同学的生活产生影响的机会，需要得到我们的支持，需要做有趣并且有挑战性的事情。关键在于老师能正确引导，所以在项目课程进行中，教师应该利用学生点评、教师鼓励加分等措施让学生在一节课开始时能全面地展示自我，在同学中树立良好的形象，从而更好地投入接下来的教学中，为一节课教学开好头，鼓好劲！（李晓芳）

79 课堂活动由于受学科内容的限制，一般以严谨的学习为主，即使设计某些参与活动，也相对比较局限，在调动学生的积极性方面有不足。而项目课程的实施，让学生有了自主设置活动的权利，不再拘泥于课堂教学，可以设置多种多样的展示方式。比如某个小组的“山川秀”内容“黄土高原”，学生模仿陕北人民的生活，唱陕北民歌，一下子调动起全班同学的兴趣。表演结束后同学们分析当地人民的生活受到千沟万壑的地貌特点的影响，并分析黄土高原千沟万壑地貌的形成原因，由生活及教学，让地理教学更加丰富多彩。（李晓芳）

80 地理项目课程“山川秀”是以学生为主体的课程。最开始我们在进行活动的时候只以中国和世界的山川为主，但是后来发现在教学中产生了很大的局限性，所以后来又延伸出了具有神秘色彩的地理知识介绍和与生活实际联系紧密的地理知识介绍。对于刚开始学习地理的七年级学生，课前小演讲是“山川秀”项目课程实施的形式之一，操作起来比较简单，学生可以在课前搜集自己关注的地理知识，在课前演说，达到学生间相互学习的目的。（孙英坤）

81 地理项目课程的难度，应该遵循循序渐进的原则。一开始，选择一些较容易理解的材料，主要目的是激发学生学习地理的兴趣。随着学生知识面的扩展，则可以选择一些介绍知识原理的材料，拓展学生的课外知识面。针对时间的把控，要求教师在课前进行一定的把关，更要求学生养成做事严谨的习惯。这样才能在不影响正常教学的前提下长久地开展活动。项目课程的开展让学生学习到更多课本外的地理知识，如果能适时、适量、有效地开展，将会提高地理教学的质量，培养学生的综合素质。（孙英坤）

82 项目课程中学生所选择的故事往往就是他们所关注和感兴趣的知识，这是教师增加对学生了解的重要途径。对于奇闻趣事，学生有强烈的好奇心，愿意阅读和倾听。而对于教师来说，则可以在教学过程中补充一些这类知识。比如在讲经纬度时，可以讲神秘的北纬30°线，在这条纬线附近，有百慕大三角、金字塔、撒哈拉大沙漠等。（贾萌萌）

83 学习了其他教研组的课程项目，感触很深，上周开始了地理项目课程。针对不同班提出了不同要求，发动学生制定评分细则，极大地调动了学生的积极性。他们做的课件精美，讲的内容全面，大大出乎我的意料。而且他们还注重创新，3班的一位学生下课找到我说，他想讲自己的第二故乡——西双版纳，得到允许后，他以小导游的身份给我们展示了不一样的区域地理，极大地调动了学生探索中国区域地理的积极性。（王晓静）

84 在我们的地理课堂教学中，基本内容都是大纲所要求的，课程资源内容显得单一，因此，我们在设置项目课程时可以对地区人文情况等进行课程资源开发。例如，新乡旅游资源比较丰富，我们可以设置“新乡一日游”专题，让学生通过查阅视频资料、亲身实践感受旅游资源和自然环境的关系，在课上进行展示交流，这样不但让枯燥乏味的知识灌输课堂变得灵活生动，还让学生通过自己的实践获得相关知识。（王晓静）

85 今天上课的时候，学生选择的项目课程的课题是“老和尚和小和尚”。一个老和尚要出庙，想让小和尚在庙里看着，就告诉小和尚，大锅里面装上水，水里放一个也装水的小锅，大锅里的水不能烧干，等小锅里面的水烧开就可以出去玩了。小和尚很高兴地应承下来，结果一直等老和尚回来，小锅里面的水也没有烧开。学生以情景剧的形式进行表演，表演完之后又和其他组的同学互动，对原因进行解释。在这个过程中学生不仅对沸腾条件的理解更加深刻，而且也解决了一道难题，更重要的是学生能够从生活中发现物理，并将知识运用到生活中。（张晓彤）

86 最近学生好像很喜欢比萨斜塔实验，几个班在“悟道自然”中都展示了一遍。但不同的班级学生准备的道具不同，探究过程不同，引出的问题不同，产生的影响也不同。虽然是没有学习过的知识，虽然他们并不能真正理解它，但同学们都积极地去感受，去发现问题。比如有个班的同学直接用一张纸和一杆笔站在讲台前演示，由于这个同学个子不高，纸距离桌面不远，效果勉强可以。突然有同学提议他站在桌子上，结果怎么也不成功。然后他们就想尽各种方法让那张纸和笔同时落地，在想办法的过程中，他们发现了空气阻力对这个实验产生了很大影响。还有一个班的同学用实心球和乒乓球作为道具演示，同学们的问题有三个：一是，比萨斜塔有多高？应该利用同样的高度做实验。虽然人眼看着是同时落地，但人眼有视觉暂留，应该用先进的摄像机拍摄。二是，太空中能做这实验吗？三是，换个道具还是这个结果吗？比如纸。在同学们七嘴八舌的质疑和讨论中，他们的思辨能力在提高，我想这正是"悟道自然"对学生能力的培养吧。（罗小方）

87 19班有两位同学探究光的双缝干涉实验已久，周一上午第五节上课时，光线不强，他们便在"悟道自然"中把他们研究的内容展示给大家，有讲解，有实验视频，有现场演示。他们从光的直线传播入手，讲到牛顿和托马斯·杨的观点之争，描述了光的衍射，最后总结出光的波粒二象性。目前我们初中的光学知识还没学到，他们所掌握的知识已经达到了高中水平。我想这就是兴趣使然。爱因斯坦说过，兴趣是最好的老师。一个人一旦对某事物有了浓厚的兴趣，就会主动去求知、去探索、去实践，并在求知、探索、实践中产生愉快的情绪和体验，我们的"悟道自然"刚好给了他们体验的机会。（罗小方）

88 最近学生在"悟道自然"中的展示可谓丰富多样。有电学方面的，比如水果发电，比如拆装电路，他们把刚买的笔上的灯泡拆掉，观察内部开关结构。有力学方面的，比如水的表面张力，在水上放曲别针，曲别针不会下沉。有探究扩散快慢的，比如墨汁分别滴入冷水、温水和盐水中，盐水中扩散最慢。有研究热空气的，有观察水透镜的，有讲诺贝尔奖的……通过"悟道自然"，他们慢慢学会了发现身边的物理，慢慢喜欢动手制作一些小东西，思考问题越来越全面，质疑别人越来越大胆，一切都在不知不觉中变化着，这就是"悟道自然"的力量。（罗小方）

89 今天开始准备项目课程课题，才发现课题研究的选题是非常丰富的，教育教学中不是缺少小课题，而是缺少发现的眼睛。发现问题是教师在教学研究中寻找灵感、找到自己专业成长的契机。（魏军）

90 为什么要研发项目课程？因为我们想让学生开展项目式学习。项目式学习是以学生为中心的教学方法，它对于让学生学会自主学习，培养学生的问题意识、探索精神、学科兴趣、思辨能力、创新思维、人文情怀都有很大作用。（吕庆生）

91 昨天在八（4）班，学生以蚯蚓为主题进行了生物项目课程的讲述，内容丰富，语言风趣，对课本内容进行了补充和拓展，用他们自己的语言介绍了蚯蚓的生活习性，比如蚯蚓怕震，怕光，喜欢吃酸酸甜甜的食物，不喜欢吃辣的，不喜欢咸的，等等，还附上了一幅蚯蚓的图，不到十分钟的讲述过程赢得了学生的阵阵掌声，极大地激发了学生学习的兴趣。学生用他们能理解的语言来讲述课本知识，不但可以增强课堂的趣味性，提高学生的课堂参与度，还能延长学生的记忆时间，比单纯的老师讲述效果要好多了。生物项目课程——“生命相”，我一定坚持进行下去。（叶永杰）

92 探究的魅力在于你不仅掌握了知识，还掌握了获得这种知识的能力。就好比学生问你“种子萌芽需要阳光吗”，你告诉他不需要，这个知识点他可能会忘，下次还是会继续问你。而你让他进行实验探究，最后自己得出“种子的萌芽不需要阳光”，他记忆会十分深刻。告诉他的知识他能记一时，而他自己探究出来的知识，会记得更加扎实，哪怕很多年后他忘了这个知识点，他依然拥有这种学习能力。我想这就是探究的魅力。（段超男）

93 今天聆听了各个组介绍项目课程，受益颇多！课程改革是一项复杂而细致的系统工程，课程改革的核心环节是课程实施，而课程实施的基本途径是课堂教学。如果离开了课堂，离开了教师的日常教学行为，那么课程改革只能是一句空话。如果教师的教学观念不更新、教学方式不转变，课程改革也将流于形式，事倍功半甚至劳而无功。（赵胜男）

教学反思：引导教师专业发展

1 部编语文教材七年级采用现代文和文言文混合编排的形式，一般每单元安排一课文言诗文。第一单元是四首古代诗歌。《毛诗·大序》载：“诗者，志之所之也。在心为志，发言为诗。情动于中而形于言。言之不足，故嗟叹之；嗟叹之不足，故咏歌之；咏歌之不足，不知手之舞之足之蹈之也。”这说明在远古时代，诗、乐、舞三位一体。诗歌和音乐自古以来就是密切结合的。诗歌和音乐就像一个母亲怀中长大的两个孩子。虽然这两个孩子已经各自长大成人了，但他们的身体里仍然流淌着同一个母亲的血液。所以一首好的诗歌应该是富有强烈的音乐性的。同样，一首好的乐曲也应是一首好诗歌。听潘雪静老师如何讲诗歌时，潘老师就这样从音乐、情感讲到诗歌，既减弱了学生学习诗歌的畏难心理，激发了学生的学习兴趣，又让学生了解到诗歌具有音乐美、诗言志的特点。当时立即就有学生情不自禁地吟唱起了“明月几时有……”，学生兴致盎然，最后还意犹未尽。这让我明白了要想把语文课上好，老师对知识的切入是何其重要。引导七年级学生鉴赏古代诗歌重在引导学生感受诗歌之美，激发学生学习诗歌的兴趣，而不是离开诗歌本身介绍太多知识。（赵燕慧）

2 语文学科同课异构活动圆满落下帷幕，各位老师的课堂展示从不同角度对《走一步，再走一步》进行了个性化解读，让我受益匪浅。丁老师的评课更是让人豁然开朗：没有抽象高深的理论，只有最朴质浅显的提醒，提醒我们应该回归文本、素读课文；提醒我们关注整体，有单元意识；提醒我们考虑学生的实际需要；提醒我们考试与教学相互依存补充的关系；提醒我们教学环节的实用性和有效性……总之，提醒我们摒弃数不清的繁杂参考，抛开无穷尽的虚无形式，回归语文的本真，回归最素净的阅读和交流状态，从内心感悟出发，加上必要的语文素养渗透、熏陶、感染，潜移默化地给予学生独特的情感体验和知识能力！（潘雪静）

3 今天听了魏国旭老师的循环课，很有感触。这节复习课分为课前检测、口头抢答、板书展示、拓展提升四个环节，整个课堂由各板块负责点评的学生串起，内容翔实有梯度，活动充分有气氛。这背后是老师在课下对学生的扎实培训和对课堂模式的深入思考与探索。一个工作仅三年的老师，敢于将课堂展示的机会最大限度地还给学生，无疑是可贵的。现在新课改要求我们退居幕后做导演，并不意味着我们轻松了，而是更难了。对此，我们应该有充分的心理准备，虽然不再需要我们上场演出，但我们需要写出最切实可行的剧本，做好最充分的知识储备，并且培训好每一个参演者……看似老师在课堂上退居一角，却是整个课堂的幕后主宰，在需要的时候调整环节、点拨疑难、把握全局。在这一点上，魏老师显然还缺乏经验，课堂灵活机动的能力还需提高。课堂是遗憾的艺术，没有完美的课堂，只有课后的不断反思才能让我们更加接近完美！（潘雪静）

4 今天一天的同课异构让我对自己的语文教学有了更为深刻的反思：语文到底要教什么？为了教而教？还是以课本为范例，教给学生们想学的、能学的？抛一个问题，给定阅读范围，让学生去里边找答案，这是锻炼提取信息的能力，难道只有语文能锻炼这种能力吗？回答是否定的。政治可以，地理可以，历史也可以，这样的一节语文课对学生来说是低效的。语文是一门最能够熏陶人灵魂的学科，感受先贤带给我们心灵的碰撞，在语文的教学中，对学生语文素养的培养固然重要，甚至是我们现在课堂上的重点，但人文素养如果被忽略了，那就忽略了语文课的核心和灵魂。所以在课堂上教师该退到幕后的时候就让自己变成“隐形人”，让学生自己学，这也正是我们“I’ m in（参与）”卓越课堂所强调的。（李亚伟）

5 古人云：书读百遍，其义自见。同样一首诗、一篇课文，看一遍和读一遍的感受是完全不一样的，尤其是富有感情的朗读，更能使静止在纸上的人物和事件活跃起来，显得丰富多彩！因此，作为一名语文老师，在平日的教学中，就应该让学生充分地读，在读中整体感知，在读中有所感悟，在读中培养语感，在读中受到情感的熏陶。今天在引导学生进行《古诗五首》朗读的时候，刚开始大家并不积极，很多同学都是碍于面子，不好意思。于是我采用加分机制，马上调动了学生的积极性！但有些同学在朗读的过程中会不自觉地想笑，于是我指导学生朗读必须入情入境。叶圣陶曾说：读书心有境，入境始为亲。朗读十分注重创设情境，把文字符号变成活生生的、具体可感的形象，使读者由一个旁观者变为一个当局者，去亲近人物、感知事物，使感情充分地表达出来。没有朗读的语文课堂是无味的，我会慢慢地引导学生爱上朗读，学会朗读！（王清兰）

6 今天结束了《小石潭记》的教学，结尾时联系背景材料向学生介绍了困守永州十年的柳宗元即使遭遇了自身健康严重受损、至亲之人纷纷离世、政敌疯狂攻讦，依然不放弃自己的人生信念和政治理想，从直接从事革新活动转到了思想文化领域继续坚持斗争。以此为引，让学生结合自己的生活实际谈一谈如何面对苦难。第一名学生说自己最苦的一次是小学五六年级，和小伙伴们一起到很远的地方玩，乘公交车下错站，又没有带钱和电话，自己和小伙伴们从下午四点多走到七点多才回到家。同学们听完纷纷笑着说这哪是苦难啊，而是非常开心的一次春游活动，能和小伙伴一路说说笑笑是多么快乐的回忆啊。第二名同学起来思考了一会儿，说："老师，我没有吃过苦。从小到大都是爸爸妈妈把最好的东西给了我，哪有什么苦吃啊？"第三名同学起来同样也说自己没有吃过什么苦。作为"80后"的我，仍然还记得生活比较困难的阶段，而现在的"00后"学生们都出生在和平、富足的年代，没有经历过动乱和贫穷的他们，很多时候真的无法体会"苦"的含义。时代要求教师改变，学生的改变要求教师改变，老师只有找到了学生的情感契合点才能引起共鸣。（荣蓉）

7 在教学中总有这样的感受：很容易的问题学生展示时出现错误或有偏颇。反思平时教学，个人觉得学生出现这一问题的关键是朗读不够，造成理解不透彻。对于朗读的重要性与功能，古人早就有大量论述，如"书读百遍，其义自见""旧书不厌千回读，熟读精思子自知""读书破万卷，下笔如有神"等，但我往往忽视了这一点，把分析作为重点，这样永远无法培养学生的语文素养。个人觉得应用适当的时间组织学生进行深入的读，大声朗读、有感情诵读、默读等各种方式读，而且老师可以范读，用富有感染力的语言，饱含深情地朗读，使学生产生共鸣，沉浸于文章的情感中，这样才能以情传情，以情染情。（程荷花）

8 诗歌，最古老的文学样式，文学史上的一朵奇葩，极具艺术性，可谓大雅。也正是如此，课堂上的诗歌有时会令人敬而远之，这是学习诗歌的先天性障碍，我们应该保留敬而摈除畏，从心里亲近诗歌，感受流淌于诗歌字里行间的真情，方可有所获。学诗，讲求因声求气，通俗地说就是通过充分地读，进而体会其旨趣。这读便是亲近、走近诗歌的最好形式。（贾宝平）

9 这周过得充实，也很有意义，因为我连续听了三天精彩的课。反观自己平时的教学中，设计的问题是否有讨论的必要？讨论是否富有成效？学困生在讨论时是否真正心到神到力到？教师有没有关注学生情感、态度与价值观的变化？课堂又有多少学生真正参与、体验了学习的快乐？教师有没有捕捉到学生不经意间迸发出的“智慧的火花”？可见，没有深入钻研，就没有驾轻就熟；没有反复推敲，就没有豁然开朗；没有深度开发，就没有得心应手。“炼”一节“好”课任重而道远，需要自己不断学习实践，不断提升自身的专业素养，继而享受语文教学的别样精彩和魅力！（郭艳婷）

10 今天讲鲁迅的《故乡》，鉴于时间比较紧张，设计教学的时候，我没有给孩子太多的时间去朗诵，只想找几句比较精彩的句子一读而过。可是课堂上学生的朗读热情远超乎我的意料，我也深深地被感染了，临时调整教学计划，让他们充分自由地诵读，后面很多我认为比较难的问题竟迎刃而解，反而节省了时间。我不禁感慨，捷径走不得，最质朴的东西往往也是效果最好的。朗读就是语文教学中最质朴的利器和法宝。它温润课堂，它滋养心灵，它使学生真正感受到语文的精髓和魅力，它让语文真正发挥课程育人的功用和良效！（吕志高）

11 教育贵在育人，育人贵在育心。语文恰恰是一门育心的学科。生活无处不语文，语文温润化人心，都是对这一道理的佐证。所以在我们的日常教学中，我们一定要善于发掘文本中的育人切入点，认真思考，认真研究，将其与孩子们的现实情况结合起来，达到将育人工作落到实处的效果。例如我在讲《望岳》的时候，将杜甫的生平给大家做简要介绍，“穷年忧黎元”“致君尧舜上”，杜甫的一生深受儒家思想的影响，他的一生是忧国忧民的一生，是矢志不渝的一生。孩子们边听边思考，表情专注，心潮涌动，在“诗圣”杜甫面前他们感受到了自己的浅薄，感受到了自己的自私，感受到了自己的狭隘。（吕志高）

12 作文是语文教学的重点和难点，在教学过程中，我总有种隔靴搔痒的感觉。虽然整节课老师讲得口干舌燥，学生依然感觉无从下手。近来看了看名家讲作文的课例，感觉如获珍宝。大家所推崇的聊天式课堂，看似随意，甚至有些散乱，实则有大学问。因为在这种宽松的氛围中，学生的言说欲望被激发出来，言语能力获得了提升。我们还发现大家很善于在作文课中创设情境或设置矛盾。通过这些情境和矛盾真正把课堂变成一个写作场，孩子才真正参与进来，肯说，能说，有话可说，而且越说越精彩。（吕志高）

13 英国哲学家培根曾有一个很有趣的比喻，他将做学问的人比作三种动物。第一种人好比蜘蛛。他的材料不是从外面找来，而是从肚里面吐出来的。他用他自己无穷无尽的丝做成很多很好看的蜘蛛网。这种人叫作“蜘蛛式”的学问家。第二种人好比蚂蚁。他也找材料，但是找得了材料不会用，而堆积起来，好比蚂蚁遇到什么东西就背回洞里藏起来过冬。这种做学问的人叫作“蚂蚁式”的学问家。第三种人可宝贵了，他们好比蜜蜂。蜜蜂飞出去到有花的地方，采取百花的精华；采了回来，自己又加上一番制造的工夫，成了蜜糖。培根说，这是做学问人的最好的典范——“蜜蜂式”的学问家。

本周根据学校的安排外出学习，聆听了深圳多位名师的讲座，感触颇深，其中触动最大的就是这些名师的一些教育材料大部分我们都见过，甚至用过，可为什么教育效果不如他们呢？仔细深思，这些名家是对这些材料进行了整合，思考之后的整合，结合了自身特点和班级实际情况的整合。除了正常工作时间，他们自觉加班加点督促自己学习进步，真正成了“蜜蜂式”的教师，成了研究型教师。（程相光）

14 这一段时间在讲古诗文，学习古诗文必定要让学生学习诵读。虽然一些学生朗诵得不好，但是大部分学生朗诵的热情还是很高的。传统语文教学中，在朗读方面长期存在两个失误：一是学生课堂朗读少，二是放录音或教师范读多。课文录音我们已无可挑剔，甚至某些教师的朗读水平之高与课文录音相比，有过之而无不及。标准的朗读，圆润的发音，感情的把握，无不让人交口称赞。如此一来，教师个人水平是得到较好的发挥了，但在佩服之余，我们是否也该为学生想想？在老师读之前，学生有没有读过课文，找出生字词，查查字典？对课文内容理解了吗？对文章感情吃透了吗？若没经过学生的自主探究老师就读了，那么学生不用解决字词，也就省去了查字典的“麻烦”；不用去分析内容把握感情，就更省去了一个大“麻烦”。他们完全可以模仿老师去朗读，甚至也可以读得声情并茂，但他们真正理解了多少呢？充其量只是学到了一点“形”而已，真正的“神”却领悟不出，形神兼备也就无从谈起。针对这些失误，新课标注重学生的朗读体验，倡导“四步读书法”，即读准（要动手查字典）、读畅（要反复读，达到熟练）、读情（要分析内容，把握感情基调）、读境（要发挥想象，仔细品味），如此步步深入地读，引导学生自主探究，由浅入深地把握课文，重视了学生的个体参与，强调了学生的情感体验，使学生实现了自我与作者的心灵交流，此时的朗读便不再是“见字出声”，而是“内明于心，外达于人”了。在真切感受基础上的朗读，或如小溪流水，叮叮咚咚；或如激流奔泻，汹涌澎湃；或如置身桃园，鸟语花香……于人于己，谁能说这不是一种真正的享受呢？如果在朗读课文时留给学生一片畅想的天空，那么学生的学习热情会更高，学习愿望会更强烈。（程相光）

15 怎样激发孩子们上课的兴趣和提高他们的注意力？我发现老师上课的幽默感很重要。开学第一堂课，我讲《满井游记》，发现孩子们的状态有些慵懒，于是我说："孩子们，咱们现在重新回到学校，是否觉得'局促一室之内'，假期'若脱笼之鹄'？"孩子们笑着大声说："老师说得太对了。"于是我说："孩子们，天鹅飞得再高、再自由，也要停下来补充能量，才能有下次飞翔，就像我们停留于学校补充知识，拥有智慧，我们才能在以后做到真正高飞，自由翱翔。"孩子们认真地点了点头，也很快回到课本上。我发现，孩子们的思想回归很自然，而以前我上课时因为孩子们注意力不集中会疾言厉色，他们因恐惧才思想回归，脸上显示着不情愿，我就觉得自己以前处理方式不当。课堂上的一点恰当的幽默，既能吸引孩子的注意力，也利于师生和谐互动。（荆飞飞）

16 在对古诗文的考查中，解释字词成了考试的常见题，因此，反复背诵、反复抄写变成了学生学习古诗文字词解释时的必做项目，但学生在这类题上的得分并不高。就拿近三次考试来说，有关《小石潭记》中重点字词的考查出了三次，依然有部分同学在第三次考试中答错、失分。怎样才能让学生牢记字词解释呢？一、多动手，将课下重点字词及补充的重点字词解释，用不同颜色的笔标注到字词旁边。以前我总是让学生将课本有的解释直接画画，在讲课时应该也让学生动手记，新知识讲解时记，学生印象更深刻。二、课堂上，针对重点篇目的字词解释，反复提问学生。三、每周腾出一定时间互提互背重点字词，形成惯例。四、每周分组对抗背诵，周五汇报对抗结果，优胜小组加分奖励。其实，不管怎样的方法，还是期待学生能从心里认可诗文字词解释的重要性，在反复抄写、背诵中用心记忆，这样才能有所收获。更多背诵古诗文重点字词的方法需要我们在教学的实践中继续探索，指导学生，让他们获得更大的进步。（荆飞飞）

17 在平时的教学中，我们经常会遇到这样的状况，让人头疼不已。学生一听一看就懂就会，一做题就错，结果考试情况一塌糊涂。探究原因，肯定是学习不专心和缺乏思考，也就是说学习停留在浅层学习的状况。要想解决这样的问题，必须学会深度学习。深度学习需要学生主动将对新知识的理解融入原有的知识体系中，去适应新情境、探究新问题，将新旧知识融合，增长自己的知识。而我们的参与课堂模式为学生的深度学习提供了一个非常好的平台，学生在这样的模式下，容易主动进入深层次的学习状态，做自己课堂的主人，融入课堂，适应课堂，探究问题，更学会质疑。这样下来，知识的记忆更深刻，知识的积累更深厚，最后，可以更好地提高学习成绩。（荆飞飞）

18 老师在讲解阅读理解时，无论在哪个年级，都要适当地给学生树立中考考点意识。学生在学习阅读理解答题方法时，要站在整个语文学科三年总知识的高度去把握。很多同学在学习中习惯于跟着老师一节一节地走、一课一课地学，不太在意一节课的知识与学科初中三年整体知识考点之间的关系，随着时间推移，所学知识不断增加，就会前学后忘。事实上，从整体上把握知识，学习每一部分内容都要弄清其在整体知识中的位置，才可以更好地积累知识，在答阅读理解时会轻松一些。比如学习记叙文时，需要了解记叙文在初中阶段的重要位置、记叙文在考试中的考点，慢慢积累。老师在讲解课文知识时，遇到要考试的同类知识，要将考点告诉学生，与其相关的内容也要告诉学生，要给学生讲清楚这个知识点在三年的记叙文考试中都处于什么位置，告诉学生不要孤立地对待知识。知识是三年都要运用到的，给学生讲清楚重要性更重要，让学生树立意识，把每个阶段的知识融会贯通，答题时会容易许多。（荆飞飞）

19 前两天看到一个成绩非常好的学生拿着新买的试题资料去给班主任看，我随口问了句："有语文吗？"学生答："没有。"我问："为什么没有？"学生答："因为钱不够了。"我当时内心很受伤。接着，上晚自习时，班主任让学生立期末目标，我大概看了一下，大部分同学立了总目标，有个别同学立了数学和英语目标，没有语文，我内心又一震。问了几个同事，也遇到过类似情况。为何部分学生总会漠视语文？究其原因，我认为一是有的学生不能认识语文成绩提高的渐进性，语文侧重于能力的考查，能力是综合素质的表现，不是一朝一夕能够起效的，在学习中经常会出现花了时间而看不出成效的现象。二是学生做题适应能力不强。特别是写作，绞尽脑汁写出来的，分数有时并不高。与其这样吃力不讨好，还不如去解理科题目，"解题目多带劲，解出一道难题多刺激"。我们应该如何更好地引导学生对语文的重视？一、变语文教学目标为学生的主体需要。让他们自己发现知识上的不足，产生"我想学，我要学"的心理，他们就能行动。因此，要善于把教学目标转化为学生的需求。二、创设教学情境。爱好和兴趣在学习活动中是非常重要的。因此，要善于激发学生的学习兴趣。语文老师在课堂教学中真的能化"压力"为"魅力"，让"学生喜欢你教的东西"，学生学习语文的积极性会上升。三、分解目标，让学生感受成功的喜悦。（荆飞飞）

20 文言文的复习，一般有两种形式，或按专项，或按篇章。前者表现为线状结构，由词语梳理到语句翻译，由文学（文化）常识到文意把握。这种复习方式线条清楚，但头绪繁多，战线过长，且过于强调识记，难以使学生真正融会贯通。后者表现为块状结构，虽然有利于学生对过去所学知识和课文形成巩固性的理解，但复习起来，学生往往因似曾相识而缺乏学习热情，加之这种复习又往往是选段加习题，以考代练，以练代讲，很容易缺乏针对性，最终效果往往不佳。如何在复习过程中加强实效性，关键在于教师能否运筹帷幄，删繁就简，使学生在“温故”的基础上举一反三，在“知新”的基础上实现更完整更深入的理解与感悟。因此，文言文的复习宜采用按篇章推进、条块结合的方式，以词义、句意、文意三位一体的思路实施指导。（李鸿雁）

21 今天参加同课异构活动，有幸聆听了五位优秀老师的课，发现值得学习的地方太多了。简洁生动的课堂语言，精彩纷呈的课堂点评，高超的课堂驾驭能力，解读文本的深厚功底……“台上一分钟，台下十年功”，他们一定是经过千锤百炼才有了今天的水平。评课时，专家丁老师对他们给予了极大的肯定。而且，丁老师有一句话至今回响在我的耳侧——不管是学生还是老师，我们拿到一个文本，都是读者。作为老师，要和学生一样，初读文本时应不借助任何参考资料，即“素读”。这样，我们才能培养与中华文字的亲和力，感悟文本字里行间生命的跃动。如果拿着别人已有的思考成果来看文本，或多或少都会有别人解读的影子，难以见深刻，难以成体系。（李鸿雁）

22 月考结束了，针对现代文阅读部分，学生与七、八年级相比，在答题规范性方面有了非常大的提高，特别是一部分优等生。学生渐渐规范了语言，只是还存在着重复啰唆的现象，这应该属于答题不自信的一个表现，总想着完美，反而将原本完美的答案画蛇添足。所以在以后的教学中，教师要

更规范自己的教学语言，给学生做个榜样，让学生也有个标杆，从而避免答题时的似是而非、疑神疑鬼。（李鸿雁）

23 读《秦义彬讲〈孔乙己〉课例》有感。

一、教孩子不能把自己的观点强加给他们，而应发散他们的思维，并培养他们说话要有自己的观点和依据的习惯。二、教学不能只是提问题，还要教给孩子学法。三、一节课确定好重点难点了吗？如何突破重点难点呢？重难点指的是一节课中的重点难点，也指在实施过程中的每个环节，都应该有重难点。提前评估和应对，引导者才能驾驭整个课堂，特别是公开课，才能不被学生牵着走而无法把握时间。四、一节课至少要有一个亮点。每次设计课，都要问问自己这节课的亮点是什么。五、引用其他辅助素材时，应该考虑如何用、什么时候用才起最大效果。六、参加活动，要研究透活动的主题。（李鸿雁）

24 俗话说“腹有诗书气自华”，历来我们都重视古诗的教育作用，我们在初中教学中也把古诗作为教学重点。除了让学生学会鉴赏诗歌，如何以诗代写，以写悟诗，我在教授《使至塞上》这首诗中进行了尝试。首先我让学生抓住每句关键词译说诗歌内容，然后就“大漠孤烟直，长河落日圆”写景诗句，结合作者写作背景，展开想象，写一段景物描写。学生展示的内容出乎我的意料，通过写作他们对诗词有了更深层的理解，并能形成自己独到的见解和审美感受，从而也达到了鉴赏的效果。通过这样的训练，学生不需要再死记硬背，在想象画面、组织语言、下笔落实的过程中，那些优美的诗句早已不知不觉地印在脑海中，成为自己宝贵的知识积累，在今后的写作中可以信手拈来。（张慧敏）

25 在教授《鱼我所欲也》这篇文章时，鉴于学生对课文内容理解有一定的难度，我就从词语“选择”与“抉择”的比较入手，作用在于具体形象地说明本文舍生取义是人生在大是大非问题上的重大抉择。虽是一个小问题的导入，但引起了学生学习课文的热情。“书读百遍，其义自见”，我先后引导学生读了五遍课文。首先通过对孟子及其思想的背景介绍，唤起学生的阅读期待。然后让学生自由朗读，分小组讨论展示读，教师范读，师生合作，并从节奏、重音、语调、情感上加以引导。从熟读到诵读，力求让学生达到对古文由浅入深探究文本的目的，这节课用学生自己的话说就是读得“酣畅淋漓”。我想，也正是这样，学生才能走进文本，与文本作者进行心灵对话。（张慧敏）

26 《与朱元思书》历来为人所传诵，堪称山水小品文中的精品。俗话说“三分文章七分读”，所以我把本文主要设计为三个部分：读顺语句，读通内容，读懂情感。读顺语句，包括读准字音和停顿，从而对文章的内容有整体的感知；读通内容，让学生理清作者的写作思路，抓住景物的特点欣赏景物之美；读懂情感，通过重点句子、重点词语的重音处理，并借助材料让学生领悟作者抒发的情感。读通内容，作为本课设计最为重要的环节，重在对学生诵读方法的指导，培养学生的文言语感。授课不足之处：一是学生朗读的时间不充裕。二是我虽然对学生有朗读指导，但是还不够得法。三是课堂上我没有做好范读的指导和自身的情感引发。以后要多听名家朗读，多学习他们朗读指导的方法，提升自己的朗读能力。（张慧敏）

27 传统的诗歌教学是翻译诗歌内容，赏析重点句子，对此学生学习的兴趣点不高。为了提高学生们对古诗学习的热情，在学习《关雎》这首诗时，在传统教学的基础上我尝试让学生去吟唱诗歌，并鼓励学生采用不同形式的音乐节奏去吟唱。这一活动激发了学生的热情，有学生用摇滚旋律吟唱诗歌，有的套用豫剧，还有小组合作套用歌曲《月亮之上》吟唱。吟唱，让学生爱上古诗，让学生在诵读吟唱中体会我们汉语言精练的用词与丰美的意蕴完美结合的精致之美，培养学生对我国古典文学的热爱之情。（张慧敏）

28 有人说：鲁迅是一个难以表述的存在，走进他的内心深处是相当困难的，鲁迅思想的深刻性和复杂性，使得后人在接近的时候，常常会陷入表述的尴尬。所以，在阅读鲁迅作品的时候，不能只是进行浅阅读，而是应该对其作品进行深度阅读，这样才能慢慢理解他的写作目的。课前三分钟，我让学生分享昨天晚上看的名著，《朝花夕拾》中的第一篇文章《狗·猫·鼠》，学生分享的仅仅是文章的粗浅内容，就写作目的而言，几乎没有学生能够回答出来。由于学生的阅历和知识还没有达到一个更高的层次，这就需要老师去指导学生阅读鲁迅的作品。昨天我和学生共读《朝花夕拾》，对于他们在阅读中不理解的地方给予点拨，并且也分享了我的读后感。师生共读，我想不仅提高了自己，也是对学生的一种身教。（张慧敏）

29 两位特级教师黄玉峰和李镇西就语文学习有着惊人相似的观点：学语文就是要“死记硬背”！不仅字词古诗文要背，写好作文也需要背诵，背诵是储存，学生大脑中只有储存了知识，才能会表达。所谓“熟读唐诗三百首，不会作诗也会吟”，这个古训永远不会过时。可见背诵对语文学习的重要性。九年级现在进入一轮复习，重点是古诗文的复习，古诗文原文中字词句都要求背诵。但是背诵也有方法指导，我们可以试着采用理解记忆法、趣味记忆法、师生共同背诵等方法来调动学生背诵的积极性。背诵积极性提高了，学习语文的问题基本上就迎刃而解了。（张慧敏）

30 与优秀勤奋的人共同协作，自己也会受到好的影响，会思考和改变，做出调整，同时也会更有效率，成长会更快。听了朱老师的课，我和李鸿雁还在讨论：课文的重难点的突破可谓是循序渐进，水到渠成；中间的衔接过渡语是如此自然和精妙；学生课堂参与度极高，气氛活跃。以后要多向老教师学习和请教，更努力和勤奋地工作。李鸿雁作为新老师，同时又是班主任，语文教学抓得紧而有序，真可谓用心和认真。无论是教案、听课记录，还是整理的资料、做的习题等，他都做得一丝不苟，他的认真和勤奋获得同组老师的一致赞赏。同时，同组其他老师身上也有很多值得我学习的地方。想到此，我想学生也应该如此，发现周围同学的闪光点，为了集体和自身，也能对现状有所改变。开学一周多来，我发现不少同学有了新的学习风貌，知道积极思考问题，敢于质疑和发问了，作业写得也很有进步。希望在我们师生的共同努力下，孩子们能更加优秀，我们也能收获职业的幸福。

（赵明怡）

31 我上午改了9班的作文，深深地感到学生语文综合素养的薄弱，最基本的记述一件具体完整事情的能力，对有些同学都成了问题。这些学生的作文无外乎没有中心，空谈一气，缺乏真情流露，多是“无病呻吟”。所以，我特意在课前先复习了记叙文六要素，然后结合作文情况，对以后写作提出一个要求：记述一件完整具体的事情，六个要素要明确、完整。最后结合学习的新闻，我让学生找出报道消息的时间，地点，人物，事件的起因、经过、结果。文章里没有具体交代北京申奥的原因及经过，但通过合作学习，小组展示交流和补充，孩子们的表现让我很意外。他们能从字里行间分析出北京申奥成功的三大原因。可见，放手让学生去思考，小组合作探究、交流学习，结合课文，孩子不仅能规范全面地回答问题，而且能更好地训练和巩固记叙文的基本知识，锻炼了孩子搜寻有效信息并概括的能力。这节课学生学有所

获，同时带给我教学设计新的思路。（赵明怡）

32 课堂上，教师要充分发挥自己的教育智慧，把学生的注意力集中在文章要突出解决的重点和难点上。学生在课堂上状态不佳：上课昏昏欲睡，不知所云，游离于课堂之外；没有参与问题的思考和讨论；被周围说话、有小动作的同学影响，大大影响学习效果……针对学生上课的表现，我以后会更加注意以下几点：根据课堂情况，适时变换语气语调；多结合学情，用多样的课堂活动激发学生的学习兴趣；重难点学习时，充分发挥学科组长和学习认真积极的学生的作用，做到讨论有效；及时分析上课情况，与学生沟通，让学生认识到不足，并逐步改善。（赵明怡）

33 阅读理解对于学生来说还是难点，每次考试卷上的阅读理解题都是自己去讲，生怕他们不理解，一遍遍地强调，有些时候收效甚微。这次想试着让一些程度较好的同学站在学生的角度给同学们讲，每个人负责一部分。今天课堂展示的时候，他们讲得有模有样，分析得很细致，讲解得很清楚。下课了，一位男同学跑到我面前说："老师，下次还叫我吧，我觉得下次能讲得更好！"这次他们令我刮目相看，我想学生的潜力无限，多给他们一些表现的机会，他们做得会比你想象的更出色。（王培）

34 今天课间的时候和组里的几位老师谈论这次学生写的作文，感觉很多同学写作文时语言干瘪，空洞无物，比如"爸爸说……我说……爸爸又说……我还说……"朱老师就说"说"可以有很多种，"呢喃""面带微笑地说""大声吼道"……这不但引出了所说的内容，还生动形象地表现了说话人的情感。我想每次上作文课都给学生讲很多方法技巧，最后学生还是不知道怎么写，能不能试着转换方式，比如每次就讲一种，像刚才说到的语言描写，然后让学生及时做片段式练习，展示点评，这样不仅提高学生的积极性，也能提高老师批改反馈的效率，不至于每次两个班一百多本作文隔了一个多星期留到一节课去处理，老师和学生都消化得很困难。（王培）

35 在18班听潘老师讲《永久的悔》，孩子们一开始只是机械地分析课文。可在潘老师动情地读了季羡林先生的《一条老狗》，潘老师哭了，我哭了，在教室的杨老师哭了，同学中也有几个抽着鼻子。孩子们有了自己的感动，再读课文，他们也带着感情。其实他们都有自己的理解，只是需要老师去激发，营造出那个感动的氛围，孩子们会渐入情境，从而得到情感体验。（魏国旭）

36 开学的第二周和二班同学一起完成循环课《马说》后，回到班里明显看到他们的改变：成绩略差的组在进行“采薇”活动时会提前准备有感情地朗读；成绩好的组在课堂上“抢老师饭碗”，自己准备资料、做PPT，分任务到每一个人身上去带领大家学习新的课文。上周第六组同学讲《白杨礼赞》，同学们学习的积极性高涨，我在下面督促学生记笔记、认真听讲，重点知识夯实补充，学习效率明显提高。其他组的同学也纷纷提出讲课的请求，并为此积极准备。这不由得让我反思：这是我从中间接手的班级，从其他老师口中得知他们的班级情况后我忧心忡忡，不敢放手，我还是课堂活动的组织者和主导者；但当我把所有的主动权放给学生后，他们给我带来了意想不到的惊喜！学生不是没有能力，而是我们没有给他施展能力的空间，“安求其能千里也”？我们不要做愚昧无知的“食马者”，而应做能辨别学生才能并使他的才能得以发挥的“伯乐”！（魏国旭）

37 今天下午去听海鹏老师试课《走一步，再走一步》，课堂板块清晰，组织方式多样，环环相扣，层层递进，尤其是朗读的加入与指导，不仅提高了学生的学习热情，也让课堂朗读指导缺失的我受到了很大的触动。我总想实现“以读代讲”的目标，却总是不能很好实现。一方面是嫌麻烦，知识还没教完，哪有那个闲心去朗读；另一方面更多的是不知道如何切入和指导。今天听海老师的课后，我受到了启发：一是，什么时候朗读？需要体会情感的时候加入，不需要过多的分析便可以在指导朗读重音、速度、音调时情感自然流露。二是，如何指导朗读？海鹏老师先让学生按照自己的理解读第一遍，老师边分析边示范读，老师示范后让学生齐读，在老师的影响下学生的朗读会依葫芦画瓢，情绪更饱满。三是，用什么方式读？海老师一堂课让学生默读、学生自读齐读、老师示范读、师生共读几种形式灵活使用，活泼而又充实。语文课想要上出“语文味”，读必不可少。在以后的教学中，我会多学习朗读指导的知识，像海老师一样，让学生多朗读，多表达。（魏国旭）

38 上周四听丁亚宏老师评课时，关于字词积累的问题给我很大触动。中考试卷第一大题是积累与运用，积累是学生自己的事，字词积累是学习中重要的一步，但却是一个“鸡肋”。如何使教师参与的积累高效，体现语文老师的价值，最好的方式就是讲出字词背后的语文价值，用形象的语言告知学生如何理解记忆。学习《出师表》时，“陟罚臧否”中的“否”学生总是读fǒu，如何让他们记住呢？我当时想到了“否极泰来”，告诉他们这个成语是指坏运到了尽头好运就来了，“否”的意思是恶，联系成语去记这个字，再问的时候情况就有所好转，同时也让他们记住一个成语。在知识积累中，我们要体现出有老师指导和没有老师指导的区别。（魏国旭）

39 “捧读一本心爱的书，我们常有走进书中的感觉：书中的故事好像就是自己的故事，作者的情感似乎就是自己的情感，作者的思考也仿佛就是自己的思考……”这是我们班学生在读书分享中引用的一句话。语文，是最接近“书”的一门学科，优美且生动的文字背后常常蕴含着动人且真挚的情感，在讲到周国平《家》这一课时，设情景引入我们的“家”，提出在文中我们是什么，家能给我们提供什么，家最重要的是什么等问题，以加深对家的理解。一个学生说：“有家人亲人的地方就是家，无论大小，珍惜呵护亲人的家才最重要。”我认为语文最大的好处就是透过作者、内容上升到自己的情感人生，这将是一堂语文课最大的收获。（杨珂）

40 今天给学生讲授《满井游记》，课中谈到一个问题：结合自身实际说说你对“始知郊田之外未始无春，而城居者未之知也”的理解。其中一名同学的展示令我印象深刻：“郊外田野未必没有春天，只是居住在城里的人不知道这样的变化而已。在学习上，我们常常墨守成规，将自己‘局促在一室之内’，结果视野小了，思维窄了。或许，有时只要我们勇敢地‘迈出’一步，勇于尝试，勇于创新，就一定会有意外的美好收获。”这不禁让我想起了我们的参与式课堂和育人体系，我们身边不缺乏美的事物，只是常常缺乏发现美的“勇气和眼睛”，像参与式课堂这样美的事物，身边优秀课堂、优秀教师比比皆是，只要我们走出自己的局限，就一定能获得更多的知识。（杨珂）

41 周三下午有幸参加和市教育局领导、专家们一起探讨课改的座谈会，收获很大。我十分赞成对教材进行整合的提法，我觉得现有的语文教材完全没有必要按照传统的教参要求，一篇文章用两三个课时去“教”。那样教的结果只能是学生兴趣寥寥，老师口干舌燥。对于课程整合来说，我以为初中部的课改模式大有可为。前两周备课时，关于八下第五单元新闻单元，耿晓燕老师就提出她的建议，她尝试让学生将一个单元的新闻类的文章在预习时比较异同，上课时再结合文章内容展示在黑板上。这样用了一节课，学生就把报告文学、人物通讯、电视专题文字稿这样几种新闻类文体的特点掌握住了。我们在其后尝试这样的方法，果然效率很高。今后，我们在九年级的学习中，准备继续按照这样的思路整合教材，为中考复习赢得更多的时间。（朱虹）

42 今天教授梁启超的《最苦与最乐》。这是一篇议论性的文章。我确定的教学核心是对作者观点的理解。想要学生充分理解作者提出的“负责任最苦，尽责任最乐”的主张，就要先明确一个前提，那就是作者的写作对象一定是有良知有抱负的人。在这个基础上，一步一步地引导学生理解并接受本文的观点，就比较容易。授课过程中，还必须联系现实生活，引导学生关注社会，反观自己的生活，通过举例，印证作者的观点，提升学生的思想境界。最后，再激励学生做勇于承担责任的人，在尽责中得到人生的大快乐，实现我们的课程育人目标。与此相比，文章的结构，论证方法，等等，则不需事无巨细、面面俱到。在我们的课堂上，真正让学生发出真实的声音，得到真实的发展，让学生喜欢上阅读这一类有思想的文字，直至长大后，拥有阅读议论性文章的习惯，则对其终身的自我成长有极大的益处。这益处，应该是十年之后，甚至几十年后，语文老师回想起来自己的教学，可以自信地说：“这就是我留给学生们的。”（朱虹）

43 本周听了赵盼盼老师和丁奂老师的赛课，有很多需要我学习的地方。两位老师由生活中的事物引入新课，并在课堂结尾解决了这些问题，让学生体会探寻知识源的乐趣和成就感。课堂中，学生的参与度很高，讨论、展示、点评，每一位同学都在积极思考，充分体现了学生的主体地位，重视知识的生成过程。在老师一步步的引导中，学生逐步探究出知识，总结出方法，并运用到课堂中。学生乐学、善学，这样的课堂是融洽的、成功的课堂。（路秀霞）

44 本周主要学习一元一次方程与实际问题，这部分的内容是现阶段学习数学的难点。我讲过之后对同学们进行了检测，检测的成绩显示同学们掌握得不好。值得我们思考的问题是学生在哪个环节有困难，为什么学生会觉得难，需要如何解决。不难想象，困难之处在于方程的建立。建立方程需要读懂题目后找到等量关系，而后用x表示等量关系式中的未知量，所以最终的困难在于读懂题目发现等量关系。要想让同学们解决实际问题，就必须有从一段话中找出有用信息的能力。我想，这种能力才是这类题目的目的之所在。（郭永峰）

45 周四下午听东区王高山老师的一节课，我感触最深的是王老师讲课很细，比如多项式书写时若后面有单位，应用括号将多项式括起来，等等。“细节决定成败”，一节课成功与否，往往与教学过程中教师对细节的关注和处理的灵活程度密切相关。因此，作为一名老师，在备课时对每个环节都要认真思考和分析，特别是对一些重要的教学环节，更要细致入微地“品味”，认真地推敲，甚至在关键之处对将要说的每一句话、要做的每一个活动，都仔细斟酌。（刘彦丽）

46 今天听了六节优质课，其中有两节给我印象尤其深刻。一节讲的概率，另一节讲的旋转，两节课有两个共同特点：教师基本功扎实，教学语言准确，语速适当，普通话标准且富有感染力；课程设计连贯，教学目标把握准确，重难点突出，学生参与度很高，没有看出来有什么明显模式，却完全突出了新课程理念，整个课堂衔接十分得当，给人一种行云流水、一气呵成的感觉，真正做到了老师引导，学生生成，思想渗透，知识升华！（赵盼盼）

47 今天参加了全员赛课，感受到了赏识教育的力量！人总是期待得到别人的赞许，我们的学生更是如此！美国心理学家威普·詹姆斯有句名言："人性最深刻的原则就是希望别人对自己加以赏识。"教育家马卡连柯也说过："教育儿童最好的方法是鼓励他们的好行为，热爱学生，用放大镜寻找他们的闪光点，使他们抬起头来做人。"由此可见，促使学生将自身能力发展至极限的最好方法，就是赏识与鼓励。今天这节课，我尽力地去这样做了，感觉还是颇有收获的：会的同学获得了认可，展示更加积极；不太会的同学也有了展示的勇气，以及对数学学习的信心；下课竟然还有孩子给我说觉得数学课挺有意思的。听到这样的话，我心里也感觉美滋滋的，因为说明孩子们喜欢上我的课，同时也觉得自己获得了认可！也许这就是赏识教育的相互力量，更是实现教学相长的有效途径！（赵盼盼）

48 周二上课时我给7班的同学们分享了"学习的金字塔"，该金字塔分成上部和下部。上部是被动学习。它包含了听讲、阅读、视听。上部和下部的过渡是演示。下部是主动学习，在学习的基座上。它包含了讨论实践和教授他人。只是听讲，在一个月之后就剩下5%；只是阅读，在一个月之后就剩下10%；只是视听，在一个月之后就剩下20%；经常看演示，在一个月之后就剩下30%；经常讨论，在一个月之后就剩下50%；经常实践，在一个月之后就剩下75%；把学到的知识教授给他人，在一个月之后能剩下90%。学生明白了被动学习和主动学习的差距是巨大的。在周三的数学课中，7班学生参与度极高，在实践操作中探究规律，触类旁通，拓展延伸，课堂气氛非常活跃。有的同学课后跟我说："老师，这节课我感觉汹涌澎湃。"虽然学生用词不是太恰

当，但足以说明孩子们越参与，越快乐，越有收获！（段新花）

49 今天，段老师在评课时提到他以前在重庆某中学听课时，一个老师讲得很好，看不出半点瑕疵，但是又给人很假的感觉。于是我就想到了读大学时老师让我们探讨一堂好课的标准，让我们自己搜集资料，自己总结。我当时看了华东师大教授叶澜的一篇文章，里面提到了一堂好课的标准，她在文章中写到，一堂好课没有确定的标准，但是有些基本的标准，提出了“五实”的说法：一是有意义，即扎实；二是有效率，即充实；三是生成性，即丰实；四是常态性，即平实；五是有待完善，即真实。还有人说，一堂好课最重要的标准是“原生态的课”。读研的时候，我问导师，怎样理解“原生态的课”这种说法。导师说，在他看来，原生态的课并不是说老师随意讲，老师还是要做充足的课前准备，但是上课本身就是学生知识的完善过程，要引导学生探究学习，不断试误，最后得出正确的结论，如果一切都预设好了，那这节课就没有多少意义了，也体现不出教师的教育智慧和课堂的生成性，也不会有思维碰撞的火花。（王伶俐）

50 周四讲的组内循环课——销售中的盈亏问题，通过组内各同人的点评，我受益匪浅，并思考了以下几个问题。一是成本和进价这两个概念的理解，原来只是单纯地认为这就是同一个说法，没有想过它们有什么区别。但是通过反思深究，其实还是有区别的：成本是购进商品费用的合计总称，可含商品成本、运输成本、仓储成本、物流成本等；而进价就是指商品购进的价格，这里不会含运输成本、仓储成本、物流成本。所以成本使用的范围比进价更广泛一些，我们这里所学的销售问题用进价更准确恰当一些。二是利润率的理解，利润率是反映一定时期利润水平的相对指标。利润率指标既可考核利润计划的完成情况，又可比较不同经销者之间和不同时期的经营管理水平。另外，我们经常讲的利润/成本说的是成本利润率，而其实对生产厂家来说，他们可能更多关注的是另一种利润率，利润/售价的销售利润率，所以我们要根据实际情况选择不同的评价标准。三是如何在讲授知识的过程中，关注学生的情感态度和价值观，我们要让学生了解到我们的数学不仅仅是单纯的数字、公式，还有它的实际应用，用我们的所学来指导生活，因为培养学生理论联系生活的能力比让他们会做一道题更重要。（崔文丽）

51 通过今天听赵老师的课及周末我让学生写的月考分析这两件事情，我发现学生学不好的根本原因是：提前预习工作做得不到位，并且在上课时跟不上老师的节奏，课后也没有及时地把不懂的问题想办法进行消化吸收。所以我反思在以后的教学和课后作业中，确实要照顾到不同层次的学生，进行分层教学，让每个学生在课堂上都有所收获，不能一刀切，不能只照顾到部分学生；并且要把每节课的育人目标告诉学生，不同等级每节课达到什么样的目标，让他们找到信心，提升学习的兴趣和积极性！（崔文丽）

52 当课堂展示成为一种习惯，我们会发现学生积极性提高有多快，特别是讲到他们组展示的题目时，组内每个人脸上都是满满的喜悦，这时再给予他们表扬，他们会更加神采飞扬，这才是教育应有的状态！（赵淑惠）

53 现在我们的课堂要求进行小组合作，方便学生与学生之间的知识交流。但有一部分同学却利用这个难得的机会聊天、说笑，出现假讨论。有人误认为数学课越热闹越好，然而数学课是一门严肃的课，不是情感交流课，更不是游戏课、活动课，数学的乐趣也绝不在于此。要学就得严格要求，这是对数学的尊重，我们尊重了数学，数学课才会体现出它应有的美丽，我们才能体会到数学的无穷乐趣。优秀的数学教育是一种对人的理性的思维品格和思辨能力的培养，是聪明智慧的启迪和潜在能动性与创造力的开发，对人类的素质有重大影响，它使人成为更完全、更丰富、更有力量的人。（赵淑惠）

54 最近，我们学习了几何初步相关知识，原来数学成绩一般的学生也表现出了浓厚的学习兴趣。我发现这部分学生有一个共性，都有很好的逻辑思维。其实，数学是一门逻辑性极强的学科。也许对于某些人来说，数学是神秘的、深奥的，和其他学科相比，数学似乎更枯燥一些、无味一些。但数学又的的确确是美丽的、耐人寻味的，它是思想与思想的大胆碰撞，是智慧与智慧的平等交流，更是情感与情感的浸润融合。只要你用心去体会，就会发现数学中蕴含着无穷的乐趣。（赵淑惠）

55 临近期末考试，马上开始复习，我认为复习课比新授课挑战性更大。这种挑战性主要体现在教学目标设计、教学过程与方法设计，以及教学目标同教学过程与方法的一致性设计等。我们都知道教学目标引导教学过程与方法的设计，反过来，教学过程与方法又充分体现着教学目标的要求。大多学生感觉复习课没有意思，因为感觉自己都会了，所以此时尤其体现出教师对课堂的设计的重要性。（娄立）

56 八年级是学生两极分化的阶段，数学尤为明显，高分与低分甚至相差几十分，那么如何学好数学呢？难道就是刷题？我觉得不是，数学需要做题量，但更需要做题后的反思，教师需要教学反思，学生也需要学习反思。（娄立）

57 上周五学习《轴对称》这一章内容时，引入时我用了中国传统工艺手工剪纸——两张红色剪花，往黑板上一贴，立刻引起学生关注，从剪花让学生感悟轴对称及轴对称图形，进一步让学生体验数学之美——对称美，最后让学生发现哪些体现了数学中的对称美。很多学生纷纷发言，从人体对称美到建筑物对称美，从中国汉字的对称美到英文字母的对称美，从山水倒映的对称美到汽车标志及一些银行标志的对称美，等等。下课了，学生意犹未尽，仍在热烈地讨论着。数学来源于生活，知识源存在于自然中，存在于社会生活中。（宋玉勤）

58 最近进入代数部分的学习，会涉及很多计算。计算几乎贯穿于数学教学的全过程，题目的解决都是通过分析、讨论、整理，最终通过计算来实现的。计算是在已有的概念、公式、定理、法则的基础上进行的，很大一部分同学的计算错误是由于概念掌握不准、性质法则相互混淆、错误知识积累太多所致，所以厚实的知识基础是计算准确的前提保证。因此，在教学过程中，让学生自主探究知识生成的过程，让学生真正理解知识的本质，课后经常加强新旧知识的联系，这样才能够灵活运用所学知识。（宋玉勤）

59 本周的循环课关于对“探寻知识源”的探讨收获颇多。我平时上课经常告诉学生要在理解的基础上去记忆数学概念、定义等知识，要想真正地理解就需要学生知道知识的来龙去脉或形成过程，让学生或动手实践或讨论交流或联系生活举实例，并引导学生思考是与不是的原因（例如，三条线段随意摆放，如果不首尾顺次相接，就形不成封闭的图形，构不成三角形），去亲身经历知识形成的过程，相信这样更能调动学生学习的积极性，记忆更加深刻，同时也能更加自如地去运用知识。（王培云）

60 上九年级的外甥在微信上问了我一个题：求线段AB的垂直平分线

的解析式。我一想“相似”没有学，就跟他说两条直线垂直，k值乘积为-1，垂直平分线过线段A B的中点。孩子问我为什么，想着不好给他解释，我就说高中就会学了。过一会儿，孩子就给我说他研究出来为什么是-1了，他的方法是直线y=x与y=-x互相垂直，并且k值乘积为-1，在两直线上分别取一个点，将这两条直线同时绕原点旋转任意角度，这两条直线还是垂直的，原来取的两个点旋转后可以证明k值乘积为-1，再将这两条直线同时平移到坐标系的任意位置，仍然垂直且k值不变，所以对于任意直线结论都是成立的。我认真看了孩子算的过程、孩子的思路清晰，步骤严谨，也许孩子用的不是最简单的方法，但是用现有知识很好地解决了问题。有时候孩子不是学不会、不想学，而是懒得学，因为课本上有现成的过程、固定的结论，看看就知道了，就不愿意花时间去思考，倒是课本上没有的，就想着我要怎么把它研究出来。教学中，我们要充分激发学生的学习兴趣，多引导学生去探究，做到真正的理解和运用。（丁奂）

61 孩子的学习，宏观上要听老师的，微观上要自学。为什么要听老师的？因为学科知识都有体系，如果没有老师的宏观引领，学习容易走弯路。为什么要自学？因为自学既能帮助孩子寻找最佳的学习方式，又是能力培养的重要途径。（段金有）

62 最近数学讲解“轴对称”一章，性质定理、判定定理较多，课堂上为了学习这些定理，我通常会引导着学生让他们通过证明印证定理，让学生在理解的基础上加深记忆。但是做题的时候，明明可以直接应用这些定理结论方便快捷地做题，学生还是要把定理再证明一遍，造成解题过程复杂化。究其原因有以下几点：一是教师课堂设计过于强调证明定理的过程。二是学生会证明定理，但是不理解定理如何用，说明不知定理内容是什么。改正的

方法：应加强定理识记，定期检查定理定义背诵情况；老师精选例题，做好引导。（王金叶）

63 又到了期末复习的阶段了，可是有部分学生却提不起精神来，于是我就琢磨着模仿赵老师的方法，每节课出一道趣味题，来增加同学们的学习兴趣。趣味题有时出在课前，有时出在课末，有时渗透在课中，难度比平时稍微大一点，又比较有趣味性，这样一来大大激发了学生们求知的欲望，课堂也活跃了起来。还有周四下午在点评王老师的循环课时，娄老师提出的一个问题让我很受益，就是教师提问的明确性。老师进行提问是为了引导学生积极思考，所以老师提的问题只有明确具体，才能为学生指明明确的思维方向，使学生往自己预设的问题方向思考。（许丽丽）

64 今天给姐姐家的孩子讲几道数学题，其中一道是关于判断“Y随X的增大而增大”还是“Y随X的增大而减小”，她总做错，就让她给我讲她的想法，才明白原来她看什么都是上升的，根本没明白“X增大”一定是从左向右。类比，之所以有些同学在学习上与其他同学有差距，原因一定很多，但很重要的是他必有些知识点没弄明白，同时也“耻”于问，造成现状。（赵丽娜）

65 我们现在的教育一直在提倡家庭民主、师生民主，但是这个民主是不是应该有个条件呢？每个国家有每个国家的特点，照搬西方的理念是不是就一定合适呢？矫枉过正，过犹不及，也许就是导致现在的部分学生不知道感恩、不知道尊重家长和老师的原因之一吧。（张倩）

66 每个老师的知识储备都差不多，给学生传授的知识也差不多，但教学效果却不尽相同。有一种效果好是因为老师的手腕硬，这是一种较为被动的学习。而另一种效果好是因为老师能充分激发学生的兴趣，调动学生的积极性，这便是我们的课改了。它不仅改变了传统的授课模式，更让学生从“我得学”变成了“我想学”。（张倩）

67 俗话说，十个手指头伸出来还有长有短，更何况学生，所以我们应承认学生的差异，因材施教。只有让学生最大限度参与学习过程，学生的主体作用才能得到充分发挥，因此我们要进行分层教学，增强学生的主体信心，实行学生分层、目标分层、练习分层。我们不放弃一个学生，在课堂上提问就体现出来，问题有难有简单。（郭会会）

68 课堂教学中，教师要积极组织课堂活动，使学习真正成为学生的自主活动。在组织活动中，一要注意参与的全体性和全面性，即不要使活动成为少数尖子生的表演舞台，而是全体学生积极参与。二要注意活动的目的性与实效性。教学过程中每一项活动都应该是紧紧围绕着教学目标进行，使活动真正起到调动学生积极参与的作用。三要注意活动的新颖性和多样性。例如在课堂教学中，经常组织学生自学、同桌讨论、小组讨论、代表汇报交流等。教师在教室里只是一位主持人的角色，只需设计好活动的内容，组织学生自主学习，互相探讨，上讲台汇报学习成果，全班进行评价。（郭会会）

69 学生知道本节课的学习目标之后，在每个环节上，只要学生自己能学会的，我绝不讲。在展示环节中，我一改过去每节课都是优等生发言的状况，规定每个学习小组的每个成员必须轮流展示。放手让他们用各自喜爱的方式来尝试、来体会，然后耐心地指导他们用更全面的方法来改进、来创造。在展示过程中，有表现得非常到位的，也有表现得特别欠缺的。但即使表现再差的学生，我也会静静地等待他们展示完，绝不会中途打断他们。因为一旦被完全否决，他们的信心将备受打击，其他的后进生也会因此产生恐惧的心理，教学又会回到由优等生主宰课堂的原路上。（郭会会）

70 今天上课的时候课本上有一个短语“hand in hand”，我问大家有没有听过一首同名歌曲，也就是1988年汉城奥运会的主题曲。有几个同学兴奋地举起手来，其他同学则一脸好奇的表情。我进一步解释，*Hand in Hand*这首歌是历届奥运会主题曲中传唱最广的，萨马兰奇也曾认为其是最成功的奥运会主题曲，大家对此表示出极大的兴趣，于是我播放了这首歌副歌部分的一小段。同学们提议每个人周末回家学一学这首歌。课后还有几个学生主动找到我，希望能在课前“Free Talk”的时候给大家唱一首自己新学的英文歌，我欣然同意了。大家的创意进一步丰富了“Free Talk”的类型，英语课堂也变得更加丰富多彩了。（郭丹丹）

71 这学期，“思想品德”改名为“道德与法治”，立意很高，旨在促进学生终身发展和社会发展。高立意新教材的课堂教学高层级目标不是知识，而是学生核心素养的培养。

最近我听了九年级和七年级几位年轻教师的课，深感教师专业领域整合之重要。我发现部分老师的课堂都是在处理书上的知识、问题和答案，处理完了就完了。我们教师要做的不仅是让学生学会知识，而且让学生自己去领会新的知识，培养学生的思维能力，让学生勤于问“为什么”，善于问“为什么”；让学生主动用领会到的“为什么”去思考家事、国事、天下事，去对自己提出的感兴趣问题的“怎样做”做深入探究。

学情不同，提出的问题亦不同，所以同课异构还应指不同班学生对于不同问题的不同思考及不同解决方案。

思考、提问是习惯养成，如果一堂课，听不到学生提出的不同问题，听不到学生的质疑声，就说明，学生的好奇心和兴趣没有被真正激发出来，学生就没有真正体验到思考的过程，就难以真正学会思考，就不可能将思考力养成核心素养。

类似思考力等核心素养的养成会让学生受用一辈子。所以，每每听完其他老师的课，每每自己上完课，都会深感将课堂教学打造成提升学生核心素养的关键一环任重而道远！课改之路修远兮，吾辈将不懈为之求索！（杨改云）

72 前天王明豪老师参加省优质课选拔赛荣获新乡市第一名，恰昨天到我校集团校四十二中听了刘老师一节课，巧的是两节课讲的都是消费者权益，由于两位老师的理念的不同，导致课堂设计完全不同，效果大相径庭。

道德与法治课是为了使学生养成良好的行为习惯和科学的思维方式，过健康快乐的生活，消费者这一课真正的教学目标是学生学会在消费中自我保护，不是教学生背会消费种类、消费者九种权利、消费知识、五种维权途径等知识。

在把学生当作是真正的不是形式上的参与主体的理念指导下，王明豪老师巧妙设计出消费观察、实验求真、维权行动和感悟提升四个学生参与环节。王老师把自己的学生在百货楼购物消费过程拍成视频，让同学们观看后找出问题，提出建议。对于如何区别假冒伪劣商品，采取了每个小组发一罐六个核桃和一罐六仁核桃，让小组成员用所学的知识动手实验，如当场用手机微信扫两罐的条形码，看生产日期、QS标志等，学生通过动手实验辨别出哪罐是假冒伪劣商品；对于如何维权，先播放了一段视频，学生实验得出六仁核桃是假冒伪劣商品后有三种不同的态度——放弃、非法维权、合法维权，并让学生分析采取不同的态度会有怎样不同的后果，引导学生为自己的行为负责。通过对比学生认识到合法维权的必要性和重要性，更愿意主动积极参与到维权行动环节，通过情景剧体验参与尝试在买到六仁核桃后找商家协商、找消协调解、找工商局等行政机关申诉，并知道诉讼最有效和仲裁更省时省钱的不同优势，引导学生在维权时根据不同的情况选择不同方案。王老师的激情远不如刘老师，但是，透过这四个真正把学生作为主体的活动设计，体现出道德与法治课堂也可以让学生动手，动手不为考试，而是最好的学习，让学生学会思辨，避免自己被不良商家愚弄。所以，他的课堂深深吸引了二十二中的学生、评委、听课教师，淘汰了在激情、语言方面有优势的老师。

由于刘老师工作不到一年，她还是以知识为重。由于缺乏正确教学理念的引领，所以她设计的小组活动让学生探究的都是“消费种类是什么？权利是哪几种”等问题，用纯路校长的话说是没有小组合作探究的假问题。所以，即便是学生有大量的朗读和回答，答案都是课本上的答案，学生下课后去消费还是不会辨别商家的侵权行为，不知如何使自己不被不良商家愚弄。最后，我给她的评价是基本素质很高，很努力，潜力大；建议是需要老教师给予其理念和方向的引领。

我对比后，感慨良多，感悟颇深。吕主任努力推进课改的初衷应是与此有关吧，课改在路上，希望像王明豪老师这样因课改、因自己不懈努力而收获的年轻教师越来越多。（杨改云）

73 今天有幸听到中原名师新乡市十中魏巍老师的大讲堂，内心感慨万千。先抛开道德与法治这门课不说，单就对“一碗水”与“一桶水”的理解差异，就让我由衷赞叹。过去我们总讲作为教师要想让学生有一碗水，我们自己得有一桶水。我们何不换个角度：教师用一碗水来激发出学生一桶水呢。这个观点顿时让我耳目一新。关于道德与法治课，魏老师也讲了很多：

比如新授课、评讲课、复习课应该采用怎样的方法技巧；还有当下比较火热的翻转课堂、微视频等到底适不适用及在哪些方面适用。整堂课听下来感觉无论是从教学方式、教学观念、教学过程还是教学反思方面都收益颇多。我希望自己不仅仅是来听听而已，更希望在以后的教学实践当中能够真正运用到。（商海晶）

74 我今天听完各科老师分享的项目课程，感触颇深。开展“焦点时空”以来，各个班学习政治的热情高涨，在大课间能看到各个小组的认真排练。看得出来，他们已经对这门学科深感兴趣，也很欣慰“焦点时空”改变了传统的教学模式，改变了学生的学习方式。上周在点评“焦点时空”的时候，提到我们道德与法治学科应该紧跟国家的时事政治，刚进行完的十九大提出了很多新思想，建议学生们准备关于十九大的内容。这周各个班级准备“焦点时空”非常用心：有的班级展示了关系到他们切身利益的教育改革，向我们详细讲解了2020年高考制度的改革；有的班级把十九大和以前中考题结合起来，展示生态环保问题，讲到必须树立和践行“绿水青山就是金山银山”的理念，坚持节约资源和保护环境，像对待生命一样对待生态环境，共同创建美丽中国。学生们的潜力是无限的，老师只要做好引导，相信他们会给我们带来更多惊喜。（邢亚歌）

75 2017年9月1号，我开始教授人生的第一课。课前我请教了老教师，写了稿子，在心里一遍一遍地默念，生怕上课表现不好，学生不喜欢。带着担忧，我战战兢兢地开始了第一节课，而且上午连续上了三节，口干舌燥。中午的时候我对上过的课进行反思，发现课堂中存在以下问题：课堂时间安排不合理，同学们发言时间少；上课说话啰唆，缺乏逻辑顺序；缺少对课堂的把控能力，尤其在学生讨论环节；自己准备得非常多，觉得很充分，讲起来却觉得吃力。

对于这四点问题，我在下午上课的时候进行了改正，上课注意语言精练，注意观察学生的课堂反应，对讲课内容也进行了调整，让学生更多地参与课堂。调整之后，下午的课堂效果稍微好了一些，到第二天的时候，课进行得就顺利一些。开学第一周过得很快，又很漫长，我的教师生涯才刚刚开始，我需要学习的还有很多，需要在课堂中慢慢磨砺，需要各位前辈的赐教，在摸索中不断前行，在新乡一中的课堂上不断成长。（万久莉）

76 2月23日是我过得特别有意义的一天。因为我有幸聆听了长期坚守在教学一线课堂的魏巍老师的精彩讲座——道德与法治课堂教学的变与不变。

在新课改的推动下，道德与法治课堂教学变的是灌输式的知识本位的课堂；不变的是课堂教学的本色。我们常说新课改要把课堂还给学生，老师少讲。魏巍老师用一个特别长的《小白鼠求生》的故事，来建构专题“生命”的知识网络。同时，用两个折纸游戏上完了关于“生命”的一整个单元。她说，讲不等于灌，讲不等于填。不能简单地以师生课堂时间分配的长短来衡量课堂是不是符合新课改理念。

新授课注重情境化和话题化。讲故事属于新授课的情境化，教师在知识传授的同时，只要能启发学生思维方式或认知态度或情感升华以至于行为倾向的变化，那么这就是成功的教学。此外，关于“一碗水”与“一桶水”论断，她也提出了新见解：教师要用“一碗水”启发或帮助学生获得“一桶水”。这种新颖独特的教学方法，勇于探索，敢于打破常规，并有能力提出自己论断的勇气和智慧，我应该多领悟、多学习。

实现教师专业化成长，有两条途径。首先依靠教学相长，其次依靠教师终身学习。师生教学相长，促进教师专业化成长。魏巍老师分享了学生分工合作完成的时政热点——“互联网+”的课件。我在感动于她传授无私而又有价值的教学智慧的同时，也特别感谢她分享自己的教学目标和科研计划。感谢她在教学上秉承勤于思考、勇于探索、敢于革新的勇气和实力；感谢她以仰望星空的精神，追求自身专业成长。而这些拨动了我的心弦，指明了我前进的方向。（王明豪）

77 周三下午听了伟朝的《美国经济的发展》一课，感悟颇深。课堂环节合理，形式多样，内容丰富多彩。以比尔·盖茨的少年时的喜、青年时的哀、中年时的乐来映射美国战后经济发展的三个阶段导课，形式新颖，引人思考。以材料引导学生思考20世纪五六十年代美国的经济发展，学生参与度高。利用小老师讲课、视频辅助，使学生身临其境，是一种学生参与教学的新的体验。利用时下流行的微课形式，融入了教学的新元素。并且还有学生画图点评，增强了学生的动脑动手的实践能力。最后以名人效应——成功人物比尔·盖茨对青年的寄语结束课堂，使整个教学首尾呼应，浑然一体。（韩久林）

78 昨天听了许飞飞老师的课，获益匪浅。首先，课堂整体脉络清晰，课堂节奏把握恰当；其次，学生参与度、参与能力都得到了良好的展示，设计的粮食总结大会非常新颖又贴合教材，形象生动地展示当时浮夸风的盛行，使学生具体可感。尤其是许老师讲课沉稳，语言流畅，备课非常用心，非常值得我们年轻老师学习。（白珊珊）

79 地理教学过程中，我们要注意发挥地理知识趣味性的学科优势，充分利用现有的趣味知识加以渲染，深入挖掘潜在的趣味知识，调动学生的学习积极性，收到较好的教学效果。例如：在讲亚洲的气候时，先让学生讲一下自己寒假去南方旅游的所见所闻，这样不但使学生的注意力迅速集中到课堂上，而且对本课的学习产生了浓厚的兴趣，从而产生了主动学习的心理，积极性被调动起来。在讲季风气候的形成时，让他们回想实际体验四季风向的变化，再进行教学，不仅锻炼学生的语言表达能力，且让学生联系实际生活探究地理问题。（王晓静）

80 这周我们学习的是《世界的人口》。在这节课中我设置了一个活动——辩论赛。正方：人多力量大。反方：人多负担重。我本以为第一次展开辩论赛活动，可能不会很顺利。但是，结果让我非常惊喜，学生的思维非常活跃。其中，正方一辩用的是《少年中国说》，非常具有感染力，少年强则国强，所以我们需要更多年轻的血液。而反方也非常厉害，他们反问第二次世界大战期间，日本侵华，为何我国人口比日本人口多，却发生了“南京大屠杀”的悲剧……最后小主持人做了总结，人口过多过少都不利于国家的发展，人口的增长速度应该考虑到当时的经济、社会、资源、环境，同时还要提高人口素质，等等。直到下课铃声响起，学生们还不愿结束。所以，学生只要感兴趣，怎么可能学不好呢？（贾萌萌）

81 《世界的气候类型》一节课，我们经过认真备课，本着“突出学生主体地位”的思想，精心设计问题。比如复习旧知（世界的降水量分布有什么规律）时，为了降低难度，将问题设计成填空的形式；为了让学生回忆气候的描述方式及特点，我设计问题：你能描述新乡的气候特点吗？从而引出不同气候的描述方式，总结出气候的特点，这样衔接处设计的问题非常得体；而本节课的重点是气候的类型及分布，因此在读图活动时为了提高效率，先让学生观察图，试着针对图提出的问题让组内成员回答，然后我出示相应的问题，引导学生逐步分析，既给学生自主权，又逐步突破了障碍，突出了重点。而对新乡的气候优势分析时，我提出问题：根据气候直方图，判断新乡气候属于哪一种气候类型。你喜欢这种气候吗？你知道这种气候最大的优势是什么吗？这一系列问题既可以检测学生利用气候直方图描述气候特点的能力，又可以通过分析气候优势，激发学生热爱新乡的情感。（孙英坤）

82 最近学习了《日本》一课，一导入新课，不少同学就开始抵触本节内容，还有些同学说老师我们别学这一课了。在讲到日本多火山地震时，一些同学甚至鼓掌欢呼。作为中国人，同学们的感情可以理解，但并不能赞同或者支持。学习日本的主要目的是学习、了解并借鉴日本在发展过程中的经验教训，为中国的发展加力。不管是以前的战争，还是当代的中日冲突，真正破坏中日关系的是一小部分右翼分子。正因为我们痛恨日本军国主义视生命如虫蚁，所以我们更不能像他们一样。日本自明治维新以后，为赶超列强，借鉴西方诸国以法治国的经验，先后学习法国、美国、普鲁士的教育制度，步步西洋化的结果就是最终寻找到了适合日本国情的教育制度。日本面向21世纪教育改革的基本目标是，使之具有丰富的人性，充满生机的健康体魄，具有自己发现问题、自己学习、独立思考、自主判断与行动、妥善处理问题、克己自律、善于与他人协调及迅速准确地适应社会变化的能力。我让同学们对比了自身的现状，很多孩子娇生惯养，在家都是小公主、小皇帝，经不起批评。同学们都是中国的未来和希望，如果我们对待日本只有内心的仇恨，但行动上不去努力，以后又怎样能在经济发展上超过日本？最后，学生们沉默了，我相信这对孩子是不小的触动。（孙英坤）

83 在学习《黄河》一课时，为了让学生了解黄河各河段特征，我充分利用水利图与地形图，让小组同学讨论进行比较分析，增强了同学们运用地图分析地理事物的能力和空间想象能力。让同学们针对黄河各河段不同特征找准治理措施，激发了学生的探究意识；各小组成员积极思考，提出自己的

见解，体现了自主、合作、探究。动画演示“地上河”成因，培养了学生的观察能力。（李晓芳）

84 八年级上册《黄河》一节，讲了黄河对中华民族意义重大，它是中华民族的母亲河，也给中华民族带来了巨大的灾难，我就设置了“黄河的功与过”这个辩论题目，让全班的小组分成两个阵营，一组探讨黄河的贡献，一组探讨黄河的忧患。经过对材料和课文的思考讨论，一组成员说出黄河塑造了华北平原，另一组成员立即说出黄河下游地上河容易形成洪涝，接下来同学们依次分析了黄河的诸多贡献如水能资源丰富、提供灌溉水源、旅游资源丰富等，分析了黄河的忧患如泥沙含量大、凌汛、洪涝灾害等。辩论如火如荼，双方都极力找出有力的证据证实自己的观点，最后由两组成员做最后总结，分别得出黄河的贡献和忧患。此时，同学们会发现其实黄河为人类做出了巨大的贡献，但是也存在一些忧患，我们应该积极地去治理、缓解黄河水患。这种辩论式的参与，可以使学生在讨论和展示时都以竞争的态度进行，激发灵感，增强对知识的学习。（陈东丽）

85 作为中国人，学习中国地理，了解中国国情，是每一个中学生必备的素质。八年级这学年主要学习中国地理，这部分知识与生活联系密切，内容相对简单，但要求识记的知识点很多，方法就显得尤为重要。在教授第一节《疆域与行政区划》时，我借鉴前人的经验，将中国的14个陆上邻国和6个海上邻国、中国的34个省级行政区域编成顺口溜让学生背诵；在学习行动猜猜看那一环节，以简短的谜面让学生猜出所指代的是哪个行政区域单位、哪个行政区域中心，学生热情高涨。有的相对简单，学生脱口而出；有的较难，学生绞尽脑汁也未能想出。这一环节结束后学生意犹未尽，让人甚是欣慰。兴趣是最好的老师，在今后的课堂中，我会尽量增加知识的趣味性，让学生在

轻松愉快的氛围中学习有用的地理。（陈东丽）

86 这周主要学习中国的自然环境之地形地势，内容相对简单，重点培养学生的读图能力与归纳总结能力。几节课下来，我发现越是简单的内容越是让人无所适从，虽然简单明了，但是知识点繁多，要求识记背诵的内容也很多，突然不知道该怎样引导学生去学习，并且高效地去学习。按理说，课上让学生结合课本文字和地形图自主学习完成导学案的预习案，对于探究案的课外基础性知识加以补充，学生小组间讨论地势对河流、交通的影响，这样做的话很容易达到教学目的，然而实际的课堂中却未能完成。我认真地回想了这段时间的教学，发现学生读图效率太低，花费的时间太长，主要存在以下问题：学生很容易跳跃式看图；不能充分利用图例；看图不仔细，遗漏知识点。读图是地理学习中非常重要的一环，学会读图，提高读图分析能力对于学习地理有着事半功倍的作用。在接下来的课程中，我将会针对学生读图存在的问题，强化读图方法，让学生掌握读图基本技能，提高读图效率，进而提高课堂效率！（陈东丽）

87 李希贵说：“我们长期有一个内心的纠结，把教学抓得过了就影响了德育，德育活动多了教学就受影响，我们没有想清楚学科在育人上的至高作用，现在我们认为它是一个东西。不要另外拿一个德育去渗透，德育就在学科里，当它单独在外面的时候，它就是短命的。”离开课堂谈育人是很无力的，因为学生一天大部分时间都在课堂上；因为课堂上有太多的育人契机；因为学科核心素养蕴含太多育人内容。立德树人的一个重要路径就是课程育人！（吕庆生）

88 昨天有幸听了左璜（教育学博士，心理学博士后，教育部核心素养课题组核心成员）的一场报告。她首先从教育的目的和培养什么人引入核心素养，接着又分析了现在国际上核心素养的研究状况及我们国家核心素养研究历程，后又将核心素养具体内容分解后做了解读。收获颇多。同时，左博士的成长让我对教育又多了一点思考。左博士大学毕业先教了7年小学语文，可她从上大学到现在也不过21年，她大学毕业后依然能坚持学习，一步步成为佼佼者。我们要问，她为什么能在大学毕业了依然坚持学习？答案只有一个，那就是她对学习的态度。所以思考我们的教育，培养学生对学习的热爱、对学习的兴趣、对待学习的态度非常重要。让我们的学生热爱学习、终身学习，应该是我们教育工作者努力去做的！（吕庆生）

89 关于项目课程，各位老师开展得有声有色，学生也积极参与，在这么短的时间里取得如此好的效果，难能可贵。但我们应该看到依然有诸多改进的地方，比如，参与学生的声音普遍较小，学生的自信心还略感不足，时间掌控还不到位，如何和当堂授课内容融合，如何更好地发挥项目课程本身所蕴含的作用，如何真正成为核心素养落地的载体，等等，依然需要老师们用心思考，着力实践。（吕庆生）

90 项目课程开展到现在已近一年了，师生的认知操作逐渐深化，昨天几位老师的分享，让我们看出已到了一个层次、一个高度。学生期待项目课程，项目课程给老师带来惊喜。项目课程形式多样，内容丰富，现在已然融入了我们的课堂。项目课程收获的不仅是知识，更多的是快乐，是人文。项目课程为什么有这么大的魅力？源于它是自主式学习、项目式学习、体验式学习、情景式学习。项目课程丰富了我们核心理念参与的形式，让我们的卓越课堂更加光彩夺目。（吕庆生）

91 能否定心专注某件事，是造成学生学习差异的重要原因。上课的时候，有些学生跟随老师思考、看书、做笔记，和别人一起讨论，争论碰撞中得到启悟，不管怎样，他们都能很好地完成学习任务。有的学生刚开始上课时是认真的，后来就状况百出了。教育是可以有所作为的，形成一种氛围，创造一种环境和条件，培养良好的学习习惯和行为习惯，强制学生由他律逐渐走向自律，逐步培养出专注的好习惯。人最可贵的就是思想，而思想的寓所就是安静的内心，安静的内心外部呈现的形式就是专注的好习惯。没有专注，一事无成；有了专注，想象和创造就会与你结伴。（李桢）

92 到了期末复习阶段，我们通常会要求学生先看一遍课本，但总会发现好多学生的课本上记的笔记寥寥无几，无法再现知识。情况稍微好些的学生也只是简单地记了，但是再次翻看的时候无法与课本内容相联系。其实好的笔记，是为了“再现”，通俗来说，是为了再现学习到的知识、经验、思考。所以，聪明的人善于利用框架，容纳更多知识点，也能排除更多不需要的东西，找出关键。不聪明的人，没有把信息归类，大脑里一团糨糊，自然记住和使用的知识就少，只能做简单的事情，难以提升。（王亚平）

93 今天读了八年级上册语文课本里的一篇文章《花儿为什么这样红》，作者从化学、物理、生物三个方面解释了花儿呈现不同颜色的原理，将深奥的科学道理以生动有趣的语言描述了出来。以前我们总说，理化生不分家，其实文理也是不分家的。作为理科老师，我们也应该向文科老师学习一下，学习他们语言表达的方式，这样也可以使我们的课堂富有诗意，充满美感。（叶永杰）

94 俗话说“台上一分钟，台下十年功”，段超男老师精心打磨的这节课，真的是异彩纷呈，先是充满诗意的飞花令，然后是同学们在满室的芬芳中探寻花的结构，接着用一系列的动画、图片、视频展示传粉、受精、开花、结果的过程。老师的每一句话都叩击学生的心灵，激发他们思维的火花。手中的百合花、月季花、南瓜花，还有各种果实更是充分满足了学生的好奇心。这是一堂充满生机的、充满情趣的、充满灵性的、充满艺术的生物课。（叶永杰）

95 每周备课，都能听到大家对于某一节课的新想法和创意，总会让我有新的收获。集思才能广益，老师讲课是如此，学生上课亦是如此，小组之间交流合作，才能碰撞出智慧的火花。身为人师，我们不仅要给学生传授知识，更要让学生学会小组合作，在课堂上让知识实现资源共享！（段超男）

96 经常听到学生说：上课听懂了但是不会解题。为什么会出现这种现象呢？教师讲课时，采取灌输的方式，老师很用心地讲解解题思路、步骤，但学生被动地听，学生所谓的“听懂”只是老师讲的具体的解法，而不是抽象的解法，学生没有主动地参与教与学活动，自然不会解题。我们要教会学生学习的方法和技巧，培养学生学习生物的兴趣。了解学生具体情况，对学生的基础与能力有一定了解，联系学生实际，不能只是凭空想象按照自己的教学思路，忽略了学生。（赵胜男）

97 今天讲种子的萌发，我用诗歌与谚语相结合导入，“春种一粒粟，秋收万颗子”“清明前后，种瓜点豆”“三月雨，贵似油，四月雨，好动锄”，让同学们根据句意来判断种子萌发所需要的环境条件。并且，我用了一个童话故事，告诉同学们种子萌发不仅需要环境条件，同样需要自身条件。这样的方式比较能够吸引同学们的注意力，让课堂也生动起来。（赵胜男）

98 期末临近，第一次感觉时间那么紧张，不够复习。学生的任务也比较重，因此制订复习计划就非常重要，然而计划并非制订得完美就能使学习高效。在复习过程中，根据学生状态和各班自主复习情况，需要进行调整。两轮课磨合下来，才逐渐成形。教无定法，可能就是如此吧。（高娜娜）

99 今天所学习的鱼类，是大家所熟悉的物种，早已融入中国传统文化，是文人墨客笔下的宠儿，于是我就用三分钟时间来了一场以鱼为题的飞花令。孩子们还是很有才华的，一开始是简单的，越往后越见难度，也越显示水平，搜肠刮肚之余，字典都拿出来了！在讲到鱼的分类这一部分时，让学生列举名字中带鱼而不是鱼和名字当中不带鱼但是鱼的动物，又是一番头脑风暴。所举例子涵盖生物的好多种群，例子新颖，为出题创造很多素材，甚至需要查阅资料后再作答，所谓教学相长，莫不如此。教学，不仅应该专业，也该广博，发扬传统文化、培养学生习惯与品格是每个老师应尽的责任，能与学生相伴一程，竭力赠予他们最好的教和育，方能无愧我心。（高娜娜）

100 距离中考已不足一个月，稳定住心态很重要，考试还在继续，能够从考试中汲取自信，找到不足，而不被名次波动所影响，需要一份平常心。我们要做的是及时发现他们的焦虑根源，为他们抚平心湖的波澜，为复习冲刺营造一份心灵的宁静。（高娜娜）

101 今天讲实数这一节，讲题时遇到了数的分类这种题，其中有判断是否是自然数的题，班上有同学回答错了，我就问他们，还记得上册数学课本第一章第一节第二个图是什么吗？那一节讲的是正数和负数，中间蕴含了一种思想就是为了表示相反意义的量所以产生了负数，但是在此之前课本上有个图——结绳记事来说明自然数是如何产生的，我相信同学们如果能想到这个例子的话，判断自然数肯定不在话下。另外，我还告诉同学们，其实自然数就是在我们还没上学的时候爸爸妈妈最开始教我们数数时学的那类数，并且自然数还有另外一个名字，就是非负整数。通过数学史的渗透可以加深同学们的记忆，并且可以让同学们感受到数学是有用的，它并不枯燥。（段博梁）

102 通过对试卷的分析，我发现学生主要在几何问题、解应用题、方程的变形问题三大方面有很大欠缺。我感觉在抓基本功的同时也要规范做题步骤，拓展学生思维，让学生的思维推陈出新，让他们抓本质，学最简单、最科学的数学，也让数学回归生活。（段博梁）

103 本周学习三国两晋南北朝时期，学习了江南经济的开发，使学生知道了在南北朝之前，中国经济重心在北方，而南北朝之后，经济重心逐渐南移，并最终转移到南方。从这里，学生知道了今天南方比北方发达的历史原因及历史演变过程，从而对南北方经济有了更深的了解与理解，对经济发展中劳动力、工具、先进技术的作用有了更直观的认识，对以前的“孔雀东南飞”和如今河南人才的回归也有了初步认知。历史就是如此，鉴古知今，启迪未来。（田伟朝）

104 俗话说：好的开始是成功的一半。课前导课环节设计很重要，导课要体现新颖有趣，手段多样，吸引学生的注意力，引起学生的兴趣和思考探究欲望才行。今天在学习历史《经济和社会生活的变化》一节课前，我用多媒体展示了近代三位著名的实业家——张謇、周学熙、荣德生，当代几个著名的民族企业品牌——海尔、青岛啤酒、联想、贵州茅台，同时展示了近代带“洋”字的几种日用品，并播放了成龙演唱的《男儿当自强》来烘托气氛。我先提问：你知道近代还有哪些带“洋”字的物品？它的大量出现说明了什么？以此来引起思考。一堂课下来，总体效果还不错。（韩久林）

105 在这学期的历史课开始，我特别注意培养学生自己梳理、构建知识主干线索的能力，尤其注重培养学生从课题入手构建自己的知识网络的能力。如讲收复新疆时，我引导学生从课题入手，让学生自己对“收复新疆”这一课题进行解读或提问，学生积极性特别高，最后学生们将自己的解读、问题整理如下：①课题表明新疆本来是中国的领土，现在被侵占了；②谁侵占了新疆？③针对不同的入侵者，左宗棠所用的收复策略是否一样？④为何左宗棠能收复新疆？⑤收复新疆的意义何在？⑥收复新疆后，如何加强对新疆的管辖？几个问题突显出本节课的主干知识，学生自己或独立或小组探究解决问题，最后自然升华出本节课的核心。学完本节课，你感受最深的是什么？以下是学生们给出的感受：敬佩左宗棠杰出的军事指挥智慧；左宗棠抬棺死战，誓死抵抗外来侵略的坚定信念，捍卫国家主权和祖国领土完整的爱国主义精神；珍惜今天的幸福生活，努力学习，强大自己，振兴中华……下课了学生还在交流，意犹未尽。可爱的孩子们，你们太棒了！（付月从）

师生关系：建构学习共同体

1 今天晚自习，班上一名成绩较差的学生来办公室交迟了两天的作文本。我以聊天的方式真诚地向他表示："我很钦佩你。"他很诧异："我没什么值得人钦佩的。"我说："不，对你来说，学习确实是件不容易的事，基础差，困难特别多，经过努力后考试的成绩又没有出现突破性进展。在这样的情况下，你仍在继续努力，这需要克服比别人更多的困难，承受比别人更多的压力和痛苦，付出比别人更多的毅力，我佩服你就在这里。"他听了我的话，脸上显露出激动的表情，眼睛也有点湿润了。他随即表示："就冲着老师这几句话，我一定会坚持下去。"我鼓励他："你会成功的。"本学期，我一直在找机会发掘这些学困生的优点，展示他们积极的一面，让全班同学懂得他们也有值得学习的地方。这样的效果很明显，他们受到尊重，才更容易懂得自尊、自重。（刘仟）

2 任何一个有魅力的老师，都是以其和蔼可亲、平易近人、热情诚恳的态度，深深地、持久地吸引学生。他们的坦坦荡荡、真诚无私，都会在学生心目中留下永久的记忆。这就是老师的人格魅力。老师对学生的爱首先表现为对全体学生的尊重、信任、理解，把爱洒向全体学生。须知老师一句苛刻的话语，一个“凶狠”的眼神，一顿粗暴的斥责，都可能使学生畏惧不安，厌恶这门学科，讨厌这个老师。其次要严爱结合，恩威并重，严而有格，严而有效。对待学生的错误与缺点，要尽力帮助其改正，对待学生的成长进步，要热情肯定，用火热的心肠、满腔的热忱去温暖学生的心灵。教师的人格魅力来源于对学生的信任和宽容，给学生以充分的信任，他们不光看到学生的现在，更关注学生的将来，他们既是学生现在的引路人，也是学生未来发展的设计师。如果老师充满爱心，尊重学生，热爱学生，相信一定会使学生对他感恩。（云慧玉）

3 一天晚自习，一个学生家长来学校问我他家孩子的学习情况，家长跟我说他们家孩子特别喜欢学语文，因为他觉得语文老师特别喜欢他、关心他。我一下没明白过来怎么回事，后来才知道，有一次他家孩子向我请假出去看病，因为头上长了个小东西，我就帮他看看头上疼的地方，其实对老师来说这只是一件微不足道的小事，但却影响了学生对老师和这门课的看法。七年级的孩子还很单纯，也很容易满足，老师一个小小的无心的举动就能对学生产生深刻的影响。注意细节，真正关心学生，比上课吼学生、罚抄作业来得更有效。（李亚伟）

4 时代在进步，社会在发展，我们生存的环境竞争愈来愈激烈，节奏愈来愈紧张。这一切给学生造成极大的心理负担。在这种情况下，作为老师，良好的心理素质就显得极为重要。首先要宽容，我们的教育对象是一群孩子，对他们的过错不要斤斤计较，更不能和自己的学生斗气，如果老师能宽容他们，能唤回学生内心深处善良的本性，学生会更快地改正错误。其次，要调控自己的情绪，做好学生的表率。我们不能在自己心情好、工作顺利时，就对学生和蔼可亲；当遇到不顺心的事情，或者自己心境不佳、情绪低落时，就把不愉快的情绪发泄给学生，使学生成为自己的出气筒。这种对学生忽冷忽热的态度伤害了学生的自尊，久而久之，就会失去学生的尊敬和信任。教师要学会调控自己的情绪，做到不把情绪带进课堂，无论发生了什么事情，都要努力使自己微笑着面对学生，始终对学生热情、耐心。（程荷花）

5 今天看了一篇关于用专注的方式改善师生关系的文章，颇为受教。文章讲到在师生关系中，专注是一种无声的、高质量的陪伴，这种陪伴利于改善师生关系。比如，学生们上晚自习的时候，眼睛看着学生，心里想着学生，大脑的思维也在学生身上，也就是说，老师将注意力集中于学生身上。想到这些，那么晚自习对于我来说将会变得短暂而快乐，而不是像从前一样，只要学生不说话，我就会只专注于自己备课，而忽略学生晚自习的状态。专注，我认为需要老师首先做到。当你一心一意辅导学生自习时，他们敏感的心也将会有所触动，被你专注的陪伴感动，从而用心、认真地完成你所布置的任务。想要学生配合你，你也需要付出全部的真心，因为，有一种陪伴叫专注。（荆飞飞）

6 古人有"亲其师，信其道"之语，告诉我们和谐、融洽的师生关系对教学活动的展开是非常重要的，这样的温暖关系可有力增强学生的学习信心、激发其学习热情，可让学生拥有满足与成就感，学生用心融入课堂，必定利于教师教学活动顺利进行，提高教学效率。因此，我们教师在课上、课下要用我们的爱心努力与学生创造和谐的关系，少些疾言厉色，多些和颜悦色。（荆飞飞）

7 最近一段时间学习一元一次方程和几何图形，随着数学学习的不断深入，难度、广度、深度加大，又有五花八门的方法、技巧的灵活运用，再加上这次考试考得不理想，顿时令部分学生一下子悲观起来，开始怀疑自己的能力、智力，认为自己和一些优秀的同学没法比，自己不是学习的料，慢慢地丧失了学习数学的兴趣。任课教师一定要正确对待、认真分析，关心他们，爱护他们，建立和谐的师生关系，使其“尊其师，信其道”；适时鼓励、赏识他们，增强其自信心，重视自主探究和合作交流学习，为其终身学习和发展奠基。（刘秀辉）

8 学生都喜欢受到老师的表扬，但是我们表扬的个数、次数总是有限，如何尽可能多地表扬学生？除了横向对比，还要注意纵向对比，有些学生课堂表现虽然没那么突出，但只要比之前的表现更好，或者某个时刻表现好，有进步，这就是表扬的好时机，应趁机鼓励学生坚持下来，让表扬起到应有的效果。（路秀霞）

9 有个学生特别爱说脏话，第一次我说：“说脏话不好。”第二次我说：“说脏话扣5分。”第三次我说：“说脏话说明你家教不好。”几次三番后，我有点急了，就说：“说脏话说明你妈教育失误，丢你妈的脸，叫你妈下午来学校，我和你妈当面交流。”谁承想他说：“我都好多年没见过我妈了……”我本来正在气头上，一听，算了，别生气啦，对人家好就是了。后来我找他谈了几次话，无论他有什么违纪都不计较，只是鼓励与表扬。班主任孙老师也多次做工作。现在孩子不仅不说脏话，而且上课听讲专注，作业认真，成绩由五六十分提高到一百来分。他对我也特别亲近，总是帮我拿包、水杯、尺子等，你说什么他都听。这件小事充分说明“只有亲其师，才能信其道”。如果教师对学生漠不关心、过多地斥责等，学生就可能对教师产生讨厌、对抗的不良情绪，从而对该教师所教的学科不感兴趣。反之，如果教师在课堂上对每个学生都抱着积极、热情、信任的态度，学生就会有一种受到信赖、鼓舞与激励的内心情感体验，从内心升起对教师的信赖和爱戴，从而喜欢这位教师，进而喜欢该教师所教的学科。尤其对学习能力较弱或成绩较差的学生要采取少一点“威严”、多一点“亲切”的方法，用略带微笑的点头、信任的目光和理解的鼓励来保护学生学习的积极性，使学生在融洽的师生关系和活跃的课堂气氛中由喜欢“数学老师”进而喜欢“学习数学”，从而对数学产生浓厚的学习兴趣。（赵予新）

10 概率内容比较简单，C级同学有更多展示的机会，我上课提问了平时考个位数的李同学，结果第二天他主动去黑板上展示了。上周，他去办公室找了我两次，说现在学的概率还能跟得上，但前面好多知识都不会，所以想找老师推荐一些基础资料。我让他做去年的中考卷试试，看看情况。这周二晚自习，他让我看了他做的卷子，除了几个选择题会，其他都不会。我就给他挑了几个基础题，让他做完后来找我。周五下午课间，他就拿着卷子来找我了，我看题都写了，上面还有别人给他讲解的过程，一看就是用心学了，不会的还主动问了，我就又给他挑了几个基础题，告诉他先拿到这几个题的分数。他挺开心，并说做完就拿来给我看。我想应该是老师对他表现的肯定，让他重拾信心，激发了他学习的兴趣。作为教师，要不失时机地引导和培养后进生的自信心、自尊心、自强心，有了进步，给予表扬和奖励，激励他们不断前进，让他们明确学习目的，克服自卑感，增强上进心，从行动上表现出自己是学习的主人。（丁奂）

11 教师要善于自我调节和控制，不能把怒气、怨气撒到学生头上。在情绪稳定的时候找学生沟通，比较容易沟通成功。学生自尊心很强，如果课堂上、大庭广众之下就指出他们的错误，他们会觉得丢面子，即使意识到自己错了，也不肯很好地接受。所以应尽量避免人多的场合批评学生，可以课后把学生叫到办公室，当然最好趁其他老师不在的时候，和学生心平气和地交流，这样学生比较容易接受。还可以把学生叫到没人的地方，单独和学生谈话，要避免直接站在教室外面的走廊上和学生谈话，同班同学可能会围观、起哄，影响沟通效果。（王念友）

12 今天在初中部开会时，吕主任讲了物理学家钱伟长的传奇经历，文科满分、物理五分进清华，后因为日本侵华弃文从理，三年后以物理第一的成绩毕业，最后成为举世闻名的物理学家。同样一个人，同样一个学科，为什么先差而后优呢？我认为是学习的动力。有了动力，就会专注；有了专注，就会独立思考；有了独立思考，就一定会有成绩。因此，在平时的教学过程中，不仅要注重教学内容，还要在情感上感召学生，让学生有学习数学的热情和动力。（晁兰兰）

13 这一周学习整式的乘法，每天只讲一个运算法则，周四默写的时候，一个班有一半的同学三个法则和公式不能完整地写下来。晚自习的时候，我挑了几个同学逐个检查，发现他们的背诵只是死记硬背，而不是在理解的基础上去记忆。为什么不能理解呢？我认为是因为他在学习这些知识时没有和自己原有的知识联系在一起。为什么他不能有效地连接新旧知识呢？第一缺少思考，第二课堂学习不认真。解决这两个问题，还是要从改进学生的学习习惯入手！（晁兰兰）

14 师生关系的和谐，首先，在于教师对学生的爱。老师对学生的那份爱是溢于言表的，是与学生没有隔阂的，也没有偏爱的。这种爱是无私的、公正的，是面向全体学生的。其次，也是更为重要的，是老师和学生之间的关系是平等、民主、合作的。马斯洛理论告诉我们：任何一个健康人心理都有一些需要，当满足了基本需要，一个更高层次的需要才得以出现。当学生满足了师生间的平等、互尊、合作的需要，学生才会因此发展出自尊、自重。当学生的情感需要得到满足，在和谐的学习环境里，感到自身的价值，人格得到尊重、承认，才会轻松地、愉快地投入学习，避免了无谓的争端、烦恼及恐惧。（高烨华）

15 有的老师就像一盏明灯，能引领孩子前进，有的没有照亮孩子导致孩子后退，有的只是让孩子原地打转。老师所秉承的理念比专业技能更为重要。老师站得高，孩子就走得远。老师从容而踏实，孩子也就淡定而沉稳。老师急功近利，孩子就总会在浮躁中惶恐。老师的理念与审美，对孩子的学习兴趣和发展前途都有深远影响。真正的好老师是最宝贵的资源。（赵文璐）

16 如何激发学生兴趣，活跃课堂氛围？如何让学生大胆开口说英语，提高英语听说等交际能力？英语课的项目课程“Free Talk”就卓有成效地解决了这些问题。在“Free Talk”的展示中，学生们可以畅所欲言，自由构思，可以围绕课本上的相关话题，利用已学过的英语表达，或进行剧本的创作，也可以结合课外的热点，尽情表达自己的所思所想。课前，展示小组会在黑板上板书一两个问题，问题是展示成员围绕其展示内容提出的，非展示的学生在欣赏完小组展演之后需要回答展示小组所提出的问题，表达自己的观点。在这样几分钟的生生互动中，学生们都热情高涨，神采飞扬。课堂“Free Talk”的顺利进行，不仅能帮助学生收获知识，还能在知识导入和情感导入上起到积极作用，为接下来课堂内容的顺利进行铺垫好道路。（陈慧慧）

17 教师的上课状态直接影响着学生上课的学习状态，学生课堂上的学习状态也会传递给教师。教师正能量满满的，学生的状态一定是充满激情的，活跃的，饱满的。学生状态好的时候，教师就会更加自信，教学效果显著。所以，教师的教学状态很重要。（赵文璐）

18 月考后，我更加关注所教班级里不及格的学生。与其交谈，发现他们非常渴望得到老师的关爱。我和他们共同分析错题原因，并指定二次复习期限，复习后，要主动找老师或课代表过关。通过老师的鼓励和帮助，他们信心满满，积极性很高，有些学生给我保证下次考试一定考及格。学生就像花园里的花朵，每一朵都渴望美丽的绽放。让我们把爱给予最需要帮助的人。一次促膝而谈，一句鼓励的话语，一个赞赏的动作，也许就会点燃学生学习本学科的热情。（张志家）

19 有人说："教师的语言如钥匙，能打开学生心灵的窗户；如火炬，能照亮学生的未来；如种子，能深埋在学生的心里。"在学生的表现有明显进步时，应及时运用肯定性、激励性用语，并适当给出方法上的指导，这样有利于提高学习的积极性和主动性，从而产生强大的内驱力。（张志家）

20 学生天生就有一种有所作为、被人赏识的需要，他们需要自我实现，自我尊重，需要有对其他同学的生活产生影响的机会，需要得到老师的支持，需要做有趣并且有挑战性的事情，这一切的关键在于老师能正确引导。（陈东丽）

21 今天晚自习放学，有个学生跑来告诉我："老师，我怎么越来越看不懂地理了。"说完就跑了，他的话让我产生了思考，怎么可能看不懂呢？

我把课本打开，仔细看了看我们学的这两节课，发现每节课几乎只有三段文字，文字知识非常少，而大部分的内容都包含在地图里，需要学生会识图、分析图。地图是地理的第二语言，若是学生不会看图，自然觉得地理难，学不会，更不会做题。我以后要加强学生识图能力的培养。（王晓静）

22 学生的成长需要赞美的阳光，更需要批评的雨露。老师的批评，是学生成长中必需的养分，它能让学生始终保持清醒的头脑，从而在成长的路上走得更稳，走得更远！我们教育学生时，要一手拿着关爱，用心呵护他们的成长；一手拿着戒尺，鞭策他们朝着正确的方向前行！（张志家）

23 再有三天就中考了，我们每位九年级教师都忙于最后的总结复习是否有遗漏，昨晚九（15）班的李境同学截了两张图通过微信发给了我，看后我既感叹又欣慰。

李境同学发给我的图片的内容，一个是推进健康中国建设，是全面提升中华民族健康素质的重大举措，另一个是我国由航天大国迈向航天强国的相关百度搜索结果。昨天晚自习我在给他们面批面改时，给他们讲推进健康中国有利于全面提升中华民族素质不能选，没讲出理由，他直接截图告诉我是因为全面提升的是健康素质，而非素质；我不能确定我国已是航天强国，他截图告诉我，中国是航天强国。他带给我的震撼一桩接一桩，最初是他发给我一个博客地址，里面有各地市的一模、二模卷，再后来他把附中的月考卷也发给了我，他常常会发给我一些有争议的题在微信里和我交流，他常常会拿着他搜到的资料用证据告诉我上课时我讲得不严谨……

正因为每届毕业生中都会有如此优秀的学子鞭策着我，所以，虽已教了二十三届毕业班，但每年的中考前一个多月，必定是夜夜晚睡，做所有能搜到的各地市的一模、二模卷，各兄弟学校的模拟卷，为的是在题海中找出规律，找到题眼。我将所有的考题汇总到一个本上，为的是让学生学会归纳总结、举一反三、厚书读薄的学习方法，为的是能被勤学好问的像李境这样的学生尊敬。我要让他们明白，老师不是无所不知的，但老师是虚心的，是能和他们一起学习一起成长的伙伴。

回想起第一次给李境他们上课，我说，我最喜欢有自信、敢质疑、能提问的学生，敢于质疑老师且能通过科学的学习方法超越老师的学生才是我眼里真正优秀的学生，能用自己的学习方法和思维方式经常质疑老师，找出老师的不足、找出考题答案的不足时，你就可以自信满满地参加中考了。

对于三天后的中考，学生不能把所有的热点都练习一遍，但是，已学会学习、已掌握出题规律和答题规律，就可以自信满满走进中考的考场了。

可见，培养学生学会学习和实践创新的核心素养，不仅可以体现在七年级的项目课程“焦点时空”中，还可以体现在像九年级李境这样的学生的成长里。

又是收获季节，又快与九年级学生说再见，但你们的优秀和成长带给我的欣慰让我忘了即将与你们分别的不舍。（杨改云）

24 每一种生物都有其内在的自然规律，在阳光雨露的滋润下自然生长。应尊重每一棵生命之树的成长规律与内在节奏，用心陪伴与支持。人类的共同需求是爱，当一个孩子活在爱的环境里，爱就像阳光、空气、土壤滋润万物一样滋润着孩子，孩子的生命力就会绽放。一个生命力绽放的孩子，就会自然而然地孝顺父母，懂得感恩，好好学习，充满自信。（冯艳景）

25 授人以鱼，不如授之以渔，授人以鱼只救一时之急，授人以渔则可解一生之需。通过这段时间的授课，我认为让学生掌握学习方法十分重要，老师是课堂的引路人，课堂上老师教给学生方法和技巧，但学生对知识真正能够领会和融会贯通却是要依靠他们自己摸索出来适合自己的方法，学生各自学习的主动性直接影响到他们的成绩，主动性越高的同学学习效果越好。（李桢）

26 在面对问题学生时，我们需要更多的耐心和关注。他们有的已经拥有太多的负能量，而我们某一次批评可能会像导火线，把即将要爆炸的炸弹瞬时引爆。如果在多次批评后可以有一次交心的长谈，或许更能解决问题。（高娜娜）

27 曾经：课堂上，教师是导演，也是演员，学生是观众。讲台就是舞台，是教师一个人的舞台，教师在台上施尽才华，学生在台下无动于衷。今朝：课堂上，教师是导演，学生是演员，整个教室都是舞台，教师默默导学，学生尽显才华。（田伟朝）

28 俗话说：心急吃不了热豆腐。学生思维的形成，知识体系的构建，还得需要学生自己去尝试，自己去体验、去讨论、去揣摩。在讨论中思路变得清晰，在活动中思维模式得以形成。对课堂上学生的学习，教师既不能任性放手，更不能大包大揽，让学生失去主动思考的机会，扼杀其积极性、主动性，使其变成被动接受知识的容器，毫无生机可言。（田伟朝）

29 知识如水，水是生命之源，知识是思想之源。人的生存离不开水，但人需要多少水，就喝多少水，少了不行，多了也不好。如果不顾人的需求，硬往人嘴里灌水，人反而觉得不舒服。知识对于学生亦是如此，学生要想获得发展，需要学习知识，这是一个主动的过程，但如果变主动为被动，非强迫学生去学习，硬往学生脑子里灌知识，学生反而会失去学习的兴趣和积极性、主动性，反而可能会讨厌学习，严重的还会走向违纪。所以，自然有自然的规律，学习有学习的规律，我们要遵从这种规律，这样我们做的才是有用功，从而实现“老师教得更轻松，学生学得更高效”的效果。（田伟朝）

30 本周在某班上课时，发现一名学生桌上放了很多古字今字对照表，我就问她怎么回事，她告诉我说是因为看了《开学第一课》，对里面的汉字非常感兴趣，所以就打印了一些，想学习一下。我心里顿生很多感悟。有时兴趣的发现可能正是在不经意间，而不是父母或者老师刻意去让孩子干什么。有时多一些活动，多给孩子一些时间，可能孩子就能找到自己的兴趣。所谓“欲速则不达”，所谓“润物细无声”，所谓“以景怡人”“以文化人”，我想应该都是这个道理。（田伟朝）

31 教师，放大你的格局，面向全体，是你的责任，也是你的义务！对于拥有100名学生的教师来说，教育成功的最高期望值是100%，其中一名同学的成功仅占1%，一名学生的失败也占1%，这似乎无足轻重。但对于这1%学生的父母来说，受教育成功的期望值是100%，失败也是100%，因此，我们做教师的切不可轻易放弃每个1%。（韩久林）

32 学生的进步很多是赏识出来的。老师应该更多地站在孩子的角度考虑问题，给予他更多的人文关怀，帮他一起解决问题，教给他正确的方法。正面教育使学生获得正确价值观，更有利于学生的成长。当然处于成长之中的孩子犯错总是难免的。学生是千差万别的，老师的教育方法也应该是多种多样的。学生是愿意接受老师的批评的，不能接受的往往是老师批评的方式。（韩久林）

33 在一节精彩的课堂中，教师是剧本的编写者，需要精心地备课，编写教案；教师是演员，要把台词记好，稳重自然地调动孩子学习的积极性；教师是导演，教师指导、孩子活动，都要设想到位；除此以外，对于每个班级来说，每节课都是现场直播。我想，在教学实践中应该不断改进上节课的问题，让下一次的课堂更精彩、更完美。（白珊珊）

34 教学中，要构建和谐的师生关系。教师首先要尊重每一个学生，关注学生的一言一行，走进学生的心灵，为学生付出教师无私的爱；其次教师要用自己渊博的知识、燃烧的激情去打动、征服学生；最后教师还要不断地塑造自我——良好的行为习惯，优雅的气质，用自己独特的人格魅力感染学生！教师和学生的尊重是相互的，你对学生越尊重，反过来，学生对你会越崇拜，会更好地学好你教的这门学科。（王志恒）

35 还有什么比看着自己的学生飞得更高更快更远更令教师欣慰的呢？在班级教学中，要尽可能多地要求每个孩子，也要尽可能多地尊重每个孩子，让每个孩子对自己都有信心。每个孩子都是班级的主角，都应感受到相同的关爱和相等的尊重。在表现不好的学生面前，不是把他的缺点放大，而是要找到他的长处，用他的长处去击败他的坏习惯和不良行为。（王志恒）

36 学习就是知识的转移与理解，课改就是改变知识转移的方式，多种选择中寻求最佳最简明的路径，方便学生以最受欢迎和最能接受的方式去理解，学习的过程中找到属于自己的学习天地。教学相长，正是教师和学生思维的碰撞。教师传授，教会学生学会新知，学生参与，教会教师认知学生；学生学会学习方法，为长久发展奠定基础，教师学会教学目的，为明日成长做好铺垫。（王志恒）

37 教学中，过分追求所谓“学生快乐就行”的思想是肤浅的、浮躁的。能让学生走得远的，从来都不是短暂肤浅的快乐。教育学生的目的不一定要让每个学生成才、成功，但却一定得让他成人，而成人需要具备的基本品格、素质和能力，可不仅仅只是快乐就够了。因为只有快乐没有烦恼的成长从来都不存在，即使有，这样成长起来的孩子，人格也不会健全。所以，教师的天职不是让学生快乐，而是让学生学会怎样面对不快乐，克服困难，并从困难失败中，明白自己的责任，这样反而能一生快乐。（付月从）

38 怎样让自己的课堂高效，学生愉悦？要理智静心，不能过分苛求学生，不能只盯着那些成绩不好甚至那些习惯也不太好的学生，也不要只盯着学生的缺点，要学会换个角度看学生，不只是学习方面，要学会欣赏学生方方面面的优点，肯定学生点点滴滴的进步，这样才能感受到学生优秀、可爱或者独特的一面。这样课堂上自己会很开心或者静心，最差也不至于闹心、生气，而学生也更愿意在轻松愉悦的氛围中去主动纠正自己不好的地方。愉悦自己，快乐学生，和谐课堂，如此，好的会更好，不好的也会逐渐转变过来。（付月从）

39 学校是育人的神圣之地，是学生心智成长的纯洁之地，我们在教学过程中不仅要传授他们知识，更要关注他们的心智成长。他们是一粒种子，一株幼苗，我们做春风做春雨，期待他们长成大树，开出花朵。新的学期，我们仍饱含着激情，怀揣着希望，承载着梦想，扬帆起航！（袁媛）

40 历史，是客观的已经存在的事实，然而记载历史、研究历史的学问却往往随着人类胜利者的主观意识而变化、发展完善，甚至也有歪曲、捏造，这就需要我们去探索历史的真实，还原历史的本源。如果解释得详细一点，历史，指对人类社会过去的事件和行动，以及对这些事件行为有系统的记录、诠释和研究。历史可提供今人理解过去和未来行事的参考依据，减少人们社会活动的失误。本学期的授课，计划在授课的过程中突出以史为鉴、古为今用的作用，突出与现实的结合。（许飞飞）

41 好学生，三分教，七分等。三分教，是指教诲要适量，说教过多只会让学生产生逆反心理，适得其反。七分等，是指老师要尊重孩子的天赋秉性、成长步调，对学生要保有耐心，让学生去尝试、去体验、去失败、去成功。学生的成长，需时日和世事的打磨，绝不可能一蹴而就，拔苗助长，得不偿失。（许飞飞）

42 每当孩子们说烦死妈妈了，一件事能一直唠叨，想想我作为班主任，又何尝不是像妈妈一样唠叨，孩子们对我的感受是不是也是烦死了？突然间觉得自己有点好笑，忍着内心的着急生气，耐着性子摆事实、讲道理，口干舌燥，苦口婆心，孩子们的感觉是烦，甚至觉得我们可笑；突然间又觉得可悲，教育如此苍白无力。那么问题出在哪里？是我们没有贴近孩子们的生活？是我们没有走进孩子们的世界？我想这应该是每个家长和老师思考的问题。让孩子们短时间内改变接受我们是不容易的，那能改变的只有我们。老师批评孩子时，声音放低放慢；孩子流泪时，为他擦掉眼泪；孩子高兴时，给个拥抱。我也在引导孩子们学会给老师一个拥抱，学会给老师准备好一杯热水，课堂上给老师一个惊喜。孩子们在努力改变，我们家长呢？你们是不是也应该思考？不要老觉得孩子不跟自己交流，那是你们没有伏下身来，没有思考更好的交流方式。家长应该好好思考，如何引导孩子把内心的情感表达出来。（杨爱琴）

教育理论：获得专业滋养

1 新课改要求教师的角色由传授者转化为促进者，由管理者转化为引导者，由居高临下者转化为“平等中的首席”，在课堂教学改革中，我们应努力进行教师角色的转变。教师要创设环境，让学生体验、感悟，从中得出结论。教师作为促进者，其角色行为表现为：帮助学生制定适当的学习目标，并确认和协调达到目标的最佳途径；指导学生形成良好的学习习惯，掌握学习策略；创设丰富的教学情境，激发学生的学习动机，培养学习兴趣，充分调动学习积极性；为学生提供各种便利，为学生的学习服务；建立一个接纳的、支持性的、宽容的课堂气氛；作为学习的参与者，与学生分享自己的情感和想法；和学生一起寻找真理，能够承认自己的过失和错误。教师要从管理者转化为引导者，尽量做到对学生“亲和”“关爱”“尊重”“鼓励”，给学生多一点赞赏，多一点信任，多一些期盼，多一分宽容，做学生成长的帮扶者、促进者和引路人。要让学生体验到进步的快乐，而不总是咀嚼失败的痛苦。（刘仟）

2 以往学生的学习，是一种单调的、被动的学习方式，不利于活跃思维、发展能力。因而新课程标准强调学生的主动参与，强调探究学习。学习的过程应该是学生的主体性、能动性、独立性不断生成、发展、提升的过程。学习方式的变革意味着要变革学生的学习态度，培养学生的学习责任感，并使学生具备终身学习的能力。要把学习内容以问题形式间接呈现出来，代替把学习内容以定论形式直接呈现出来，变接受、掌握为探究、发现，使学习过程最大限度地成为学生发现问题、提出问题、分析问题、解决问题的过程。教师要以学生为主体，给学生充分的自学时间、提问时间、讨论交流时间和读书时间。授人以鱼，不如授人以渔。我们教给学生的不仅仅是知识，更应是方法、思想。因而“教，是为了不教”，处无为之事，行不言之教，“无为”教育才是教学的最高境界。（刘仟）

3 传统的语文课陷入不能自拔的怪圈：教师讲得头头是道、条分缕析，累得筋疲力尽；学生听得一塌糊涂，记得晕头转向，似乎不用费多大劲，然而考试成绩总不理想。日积月累，教师的播音功能日渐完善，学生的收听能力也不断提高。可是，教学脱离了实践，教师如君王高高在上，不能及时接收反馈信息，学生那双曾经放飞纸鹤的手儿似乎僵硬，动手能力极差。教师一味地硬加灌输，学生不辨滋味地机械吞咽。长期以往，语文教学便这样恶性循环着。课改很重要，很有必要！（肖冬）

4 叶圣陶先生说过：语文教学的根本在听说读写，是听说读写之内的挖掘与创新，而不是游离于听说读写之外的花样翻新。时下语文课堂中的有些做法值得反思。有不少老师认为，语文课程改革是在削弱基础，淡化知识。课堂上特别重视对语文人文精神的挖掘，但对字、词、句等基础知识教学，几乎没有提及，有的教师甚至认为搞这些教学就显得落后、过时，平时教学不重视了，课堂教学热热闹闹，教学形式变化多样，可就是听不到琅琅读书声，看不到对语言文字的揣摩品味，欣赏不到对精彩文段的独到分析见解，没有了必要的训练，缺少了必要的积累，短短的课文学生读起来结结巴巴。试想，如果一个学生连一些极常用的字词也不会读、不会写，一写作文就是错别字、病句连篇，那么即使他文学感悟力很强，也是难以表达出来的。如果我们的语文课堂长期如此，少了听说读写基础知识的掌握和基本技能的训练，那么可想而知，其他的一切活动也都将成为空中楼阁。（云慧玉）

5 “I′m in（参与）”卓越课堂的魅力不仅在于让学生融入课堂，而且育人目标也是非常重要的一个环节。在课程育人这一方面，政治、历史这些科目的重要性自不必说。语文的育人其实体现在了教学的每个篇章。《忆读书》告诉学生多读书，读好书，读书好，开门见山告诉学生要好好读书，《伤仲永》告诉学生成功不光靠天分，更要靠努力学习，这些例子数不胜数，每一篇短小精悍的文章都在讲述一个精辟的道理，让学生学会学习，学会做人。我以为，最好的文章就是语文课本里的文章，这些文章经过时间的检验依然能够常读常新，所以，作为一个语文老师，不光要靠课本来传授知识，更重要的是利用这些知识来达到育人的目标。（李亚伟）

6 古人云：“授人以鱼，不如授人以渔。” 自主学习作为一种学习能力，不仅有利于提高学生在校学习成绩，而且是其终身学习和发展的基础。作为老师，首先要信任学生，相信他们能做得很好。在语文课堂上我也尽可能多地放手让学生自己探索。在诗歌单元的学习中，我让学生课下查找作者简介和写作背景，孩子们上课都特别积极主动发言，而且提前在书上做了密密麻麻的批注，还有的同学把这些内容都提前背下来了。同样的内容，如果我干巴巴地讲出来，学生们可能只是听了听，并没有记在心里，但是学生自己讲出来，他们一定印象很深刻。给学生自主学习的空间，就是给学生一个成长的机会。（王清兰）

7 著名教育家叶圣陶先生说过：教育是什么？往简单方面说，只有一句话，就是养成良好的习惯。今天早读和午读朗朗的读书声，让我初步体验到了学生良好习惯养成后的美妙滋味：学生准时到班，自主选择学习内容，起立大声朗读背诵，神情严肃专注，不再需要我几次三番提醒要求。学生如此表现，一方面是因为现实的压迫——中考迫在眉睫，另一方面何尝不是初中部整体氛围、九年级严谨踏实的风气、级部兄弟班级的影响、老师们以身作则的带领、同学们奋力成长互不放弃的帮扶的成果呢？习惯的养成不仅需要小环境的营造，更需要大环境的创设！（荣蓉）

8 看到学生的读书笔记，觉得阅读名著是育人的一个重要途径。古人云："读万卷书，行万里路。"哲人也说："书籍是人类进步的阶梯。"读书有助于孩子形成良好的品格和健全的人格。那些具有美好品格的人物，那些富有人文精神的书籍，很容易在阅读者的内心引起震荡。比如读鲁迅的书，会被鲁迅"我以我血荐轩辕"的赤子之心打动；读李白的诗，会被李白"安能摧眉折腰事权贵"的傲骨品格打动；读《钢铁是怎样炼成的》，会被主人公保尔不向命运屈服的钢铁般的意志所折服……这些向上的精神会对人格的形成起到升华的作用，并可以促使一个人形成良好的道德品格和健全的人格。读书可以给读者打拼的勇气和战胜困难的力量；读书能够祛除内心的浮躁，让一颗心沉浸在文字宁静的世界里，给心灵以慰藉和滋润；读书还能祛除内心的空虚，让一颗心在知识的海洋中渐渐丰盈、充实起来；读书有助于积累词汇，提高写作能力。博览群书，是一个积累的过程，天长日久，自然会产生写作的欲望。而且因为读的书多，写作就会信手拈来。其实作文写得好的还是那些勤读书的孩子，写出来的作文大多引经据典，内容充实，而且有深度。（程荷花）

9 常言说：寸有所长，尺有所短。学生的差异是客观存在的。著名教育家韩风珍说过：“难教育的孩子都是失去自尊心的孩子，所有好教育的孩子都是具有强烈自尊心的孩子。”所以，作为老师，我们要千方百计地保护孩子最宝贵的东西——自尊心。既然学生存在差异，那么我们保护学生自尊心的方式也应不同。优秀的学生一般有扎实的基本功，有独到的学习方法，所以，要鼓励学生拥有雄心壮志，定下更远更高的目标，没有最好，只有更好。总之要给优生以雄心。中等生比上不足，比下有余，因而容易满足平平而过。针对这种心理，我们要鼓励他们通过努力提升自己。总之，要给中等生以信心。对于学困生，我们不能漠视他们，要激发他们的上进心，使他们尽其所能取得进步。不论怎样，我们要用心对待学生，保护他们的自尊心，促使他们不断成长。（程荷花）

10 孩子之间的竞争，归根结底是家长综合素质和付出心力的竞争；家长的教育思想和理念，直接影响着学生的成长。家长心中的天平一旦失衡，不仅不利于孩子的成才，而且还会对学生的心理健康造成损害。但即便如此，我们也应在我们的岗位上发挥自己的作用。纪律是保证一个集体向上奋进的重要因素，但真正能促进每一个个体取得能力程度内的最好成绩、最大成功，最关键的因素是持久强大的内驱力，对目标、对成功的渴求，这种力量会持续作用，引领、推动个体孜孜不倦地进取。（贾宝平）

11 家庭教育和学校教育同样重要，缺一不可。家庭教育增长孩子的内力，学校教育教会学生招式。二者应该形成合力，共同作用在学生身上，则学生可成人成才。作为教师，从这个身份考虑，我们希望学生可以在家庭教育中形成正确的思想价值观念，养成健康合理的习惯。为此，我可以积极和家长沟通，建议家长重视、规范、加强这方面的教育，甚至反复督促，但不可强求。朋友数，斯疏矣，事君数，斯辱矣。且强扭的瓜不甜，我们无法唤醒一个装睡的人。当家长明确、知晓我们的理念与思路之后，也会积极配合。（贾宝平）

12 教育需要教，需要学，需要行，更需要育，需要领，需要悟。教学不可局限于书本，不可只教知识；学生最需要的是学会积极幸福地生活，学会学以致用地创造，学会让身边的人感受到温暖。因此，教育要转型，要从实教虚育转为育主教辅，这样，传的是知识与文化，承的是能力与精神，育的是幸福的有用的人。（贾宝平）

13 博尔诺夫指出，“在人的生活中会有一些突然出现的、非连续性的事情，无论如何不能把这些事件纯粹地视为外来干扰”。这些突然出现在学生学习和生活中的突发事件虽然扰乱了学生的常规学习和生活，但若处理得当，便可成为可利用的教育资源，成为育人的重要契机，这是教育过程中需要捕捉的“关键点”。生活是无法预料的，人是教育的对象，从一定意义上讲教育具有不可预料的特质。在教育教学过程中，我们应努力把在任何时候都有可能出现的突发情况变成重要的教育资源，不放过每一个促进学生发展的时机，也不增加每一个使学生心灵遭受打击的可能。（贾宝平）

14 1988年，75位诺贝尔奖获得者在巴黎聚会。有人问一位诺贝尔奖获得者：“您在哪所大学、哪个实验室学到了您认为最主要的东西呢？”这位白发苍苍的获奖者回答：“是在幼儿园。”又问：“您在幼儿园学到些什么呢？”科学家耐心地回答：“把自己的东西分一半给小伙伴们；不是自己的东西不要拿；东西要放整齐；吃饭前要洗手；做错了事情要表示歉意；午饭后要休息；要仔细观察周围的大自然。从根本上说，我学到的全部东西就是这些。”近日，偶有机会走进幼儿园，听听幼儿园的教育——用心，动情，细致，入微，鼓励，实践，这是实实在在的教育。我猛地意识到，或许教育应该返璞归真。教育的根本任务就是让人成为最好的自己。而教师能做的就是给学生以照顾和引领，指导他们学会其原本不会的，鼓励他们大胆尝试并改进已会的，影响他们做一个健康、快乐、有责任、敢担当的最好的自己。这应该是中小学教育的任务和方向。（贾宝平）

15 在学校教育教学中，不同学科在核心素养的培养方面起着不同的作用，相辅相成。其中语文学科应该是一个基础性更强、拓展性更强、引领性更强的学科。语文的听说读写，不应是简单地存在于课本之中，更应广泛地存在于人一生的生活中。我曾跟学生们说，每天睁开眼，学习语文就开始了。换言之，语文就是生活的一部分，渗透在生活之中。语文教学，除了融入知识、能力，还需要把创新思维、审美情趣、文化底蕴、思想价值、道德担当、责任意识等纳入其中。（贾宝平）

16 最近看到一篇文章中提到大思想家卢梭曾说，三种对孩子不但无益反而有害的教育方法是：讲道理，发脾气，刻意感动。然而，反观现实，无论是家长还是老师，在教育学生中依然高频率地运用这三种方法，其中讲道理被运用得最多。自己不讲卫生，却高标准要求孩子讲卫生；自己几乎无时无刻不在玩手机，却要求孩子不要碰手机。每当孩子出现了一些问题，总说：我都给他说过好几次了，他不听，我也没办法。这样实在让人很无奈。我们常说教育是润物细无声的言传身教，我觉得“言传”和“身教”相比来说，恐怕“身教”要更重要一些吧。（郭艳婷）

17 在新课程下，教师应当成为学生学习的组织者、引导者和合作者，激发学生的学习积极性、创造性，为学生提供思考和发言的机会，构建合作研究的平台，让学生成为学习的主人。所以老师既要学习先进的课堂理念，又要因地制宜地适当改革教学；要能发挥学生的主体性和积极性，有一个创新思维活动的空间或情境。这就需要我们教师这样去做：第一，在平时备课中吃透教材，搜集、整合与教材相关的知识，并制作教具，研究把握学生的心理特点；第二，在教学中善于引导学生从熟悉的事物、现象出发，创设情境提出问题，引导学生参与合作，发挥想象思维来解决问题，并尊重和正确解读这些合作体验的结果。（程相光）

18 在不同的班级里，总有这么一拨人，成绩相对靠前，是班里的“学优生”。在“学优生”里最优秀的几个人才会成为“尖子生”。“学优生”和“尖子生”在同一个梯队里，为何他们之间还会存在差距，而且渐渐成为一道难以逾越的鸿沟？是先天资质不同造成的吗？在我看来，不是的。无论是“学优生”还是“尖子生”，他们能够在莘莘学子中脱颖而出，都有着较为扎实的基础。使他们渐渐拉开差距的是顽强、“较真儿”的意志品质和良好的学习方法及学习习惯。“尖子生”学习讲求不放过任何一个死角，有着“打破砂锅问到底”的决心和坚持。无论老师是否监督，他们都一直有着自己的学习节奏，不会被生活的小插曲打乱。“学优生”偶尔会有倦怠的时候，此时会产生得过且过的心理。一次两次不明显，十次八次，他们和“尖子生”的距离就在无形中被拉大了。如果师长在“学优生”意志摇摆的时候稍加指点，他们亦可以进入“尖子生”行列。（李鸿雁）

19 众所周知，语文和英语都是语言学科，无论在词汇、语法与语用方面都有着相似之处和不小的区别。举例来说，汉语中就没有英语中讲的“从句”概念。初中学生刚接触英语，涉及各种语法；语文课尤其是在文言文翻译中也或多或少提及一些语法知识。理解能力强的同学能够把汉语和英语的语法分清楚，运用得当；反之，接受慢的同学会将汉语语法和英语语法混为一谈。有学者认为，我们现在在翻译文言文时，在坚持古文不变原意的情况下采用的是现代汉语语法规范。殊不知，有些语用习惯确实源于西方，因为近现代的几位语言大师都有留洋的经历。笔者不是认为西方语言比东方语言先进，而是想着我们在坚持汉语言自身魅力的同时，对其他语言要兼收并蓄，让祖国的语言之花绽放出更绚丽的光彩！（李鸿雁）

20 所谓兴奋点就是设置在教学过程中那些富有激情，容易对学生产生较强训练刺激或者引起高度重视，能产生强烈共鸣的知识点。课堂上只要我们激活教学的兴奋点就能最大限度地调动学生学习的积极性，使学生处于最佳状态，从而轻松、愉快地获得知识。今天在讲授《孔乙己》这节课时，我抓住“笑”这一兴奋点，一课贯穿。从找文中共写了多少次“笑”入手，到分析这些笑声中表现着不同的人物，再到分析笑声中展现了孔乙己怎样的音容笑貌。最后，小结作者以“笑”的描写贯穿全文，既是对孔乙己的批判，也是对社会冷酷、人们麻木的批判，同时，全文悲剧的内容都是在喜剧的气氛中，以笑写悲，更增加了故事的悲剧色彩。可以说，每一个环节都激发了学生的学习兴趣，大大提高了学生的参与度。（张慧敏）

21 苏霍姆林斯基说：“课不仅是以知识内容来教育学生。同样的知识内容，在一个教师手里能起到教育作用，而在另一个教师手里却起不到教育作用。”所以作为一名语文老师，我们更应该把语文教学的育人功能发挥好。在教授朱自清先生的《背影》时，除了让学生知识技能获得提高，我把教学的重点同时也放在了“孝”字上，让学生谈自己与父母之间感人的故事，让学生学会感恩。有几个学生讲故事的时候热泪盈眶，有的表达对父母的感谢，有的表达对父母的爱，还有的表达对父母的愧疚。我觉得这节课效果很好，达到了育人的目的，因为学生在成才之前必须先成人。（张慧敏）

22 著名数学家华罗庚的读书心得：读书“由薄到厚”与“由厚到薄”。前者是扩充，是博；后者是集约，是精。经过这两步，才能真正达到“懂”。我们学习何尝不是这样：七、八年级知识的学习是由薄到厚，九年级复习阶段就是由厚到薄。如我们现在复习中考的34首古诗，很多学生靠死记硬背，背完了就忘了，还容易混淆。如果能够把初中所学的古诗知识点归纳整理，按照咏诗怀古、借景抒情、思乡怀人、忧国伤时、送别抒怀、边塞征战、山水田园等特点来梳理诗歌，学生就会真正地懂了，复习也会更高效。（张慧敏）

23 让学生彻底扭转不好的学习态度和习惯，这个过程必定是艰难和痛苦的，老师和学生都要坚定信心，脚踏实地，一步一步去实践，找出适合每位学生独特的学习方法并坚持下去，相信自己专注于此，通过努力，最后必会有所收益。近期学生存在不写或少写语文作业的现象，通过沟通，大家形成了一种共识：基础性知识必须全部完成，而有难度的问题，可以把自己会的内容写上去，争取做到“我的作业我负责”，到周四晚上统一检查，并反馈本周作业完成情况，让学生自己做到“心里有数”，及时补写完作业，并达成附加背默的任务。让孩子感受到老师、父母最切实的学习帮助，激发学习动力，相信会有更多可爱而富有上进心的孩子出现，师生关系也会变得更加融洽。（赵明怡）

24 越读书越觉得读的书少，越行走越觉得走的路少。对于所有人而言，我们缺少一种让自己勤奋起来的内在驱动力和一种执行力，往往成功者与碌碌无为者的区别就在于此。那么，作为教师，又该如何看待学生的懒惰和“无所作为”呢？魏书生曾谈道：教育孩子最省力的办法，就是看到孩子心灵深处的两个自我，然后用孩子的“勤我”战胜“懒我”，“善我”战胜“恶我”。多一些理解和关注，尊重每个学生的不同，进行有针对性、实质性、可操作、能反馈的尝试，或者是一次朗诵，一次听写，哪怕是多记了一页课下注释，我们都要及时地肯定、表扬，唤醒和坚定孩子内心勤奋努力的自我。（赵明怡）

25 在繁重的课业压力下，如何合理布置作业成为关键，既要做到不给学生增加课外负担，又要起到巩固提高的作用。每一次作业都值得每个老师认真斟酌，合理安排。从本学期开学开始，我在作业部分给学生做减法，更多要求作业的质量。两周以来发现，两个班的作业上交率基本上能达到百分之百。无形中，也给老师减轻了批改作业的负担。在批改作业的过程当中，我也能够更细致具体地去发现问题，给他们指出问题，面批面改时作业起到的作用更大。所以我觉得语文提倡作业少而精很有道理。（王培）

26 最近一周发生的事情让我感受最深的是家庭教育、家长在教育中的重要作用。家长是孩子的第一任老师，也是最重要的老师，但目前我们的家长在这方面是严重缺失的。很多时候，孩子身上出现的问题是家教问题。家教是什么？是家长对孩子的言传身教，往往体现在非智力因素方面，比如感恩、尊重别人、遵守规则等，其实就是让孩子成为一个合格的社会人。孩子成为一个什么样的人，在某种程度上，首先取决于父母。但遗憾的是，个别家长对此几乎没有太多的重视，更谈不上正确的教育理念、人才观念。一谈到家教，就变成了花钱请老师教文化课，而不是家长的身体力行。（王培）

27 《孟子》云：“天将降大任于斯人也，必先苦其心志，劳其筋骨，饿其体肤，空乏其身，行拂乱其所为，所以动心忍性，曾益其所不能。”这次准备循环课，我可以说在一遍又一遍的否定中收获良多。“台上一分钟，台下十年功”，作为教师，我们除了做展示课的时候精心准备，平时的课堂也应用心。每一次的随堂课可以说是我们试课的机会，有好的、高效的课堂组织方式我们就要多去实践，找到真正以学生为主体、教师为引导者的创新课堂，让学生在这中间学到知识，锻炼能力，真正达到“立德树人”，培养全方位发展的人才！（魏国旭）

28 班上有一个学习成绩不好的学生，不听课不写作业，上课的时候也不安分，我便借着“你打字比我快”的理由，让他把课本1～5单元的词语和课下注释打到电脑上，方便我出字词复习案。感受到老师对他的重视后，孩子开始很认真地打字，据他说，不会的字他会去问别的同学，或者上网查，担心自己打错字，会多看几遍，确认无误。这样一来二去，积累了不少词语。这不由得让我想到“因材施教”，找准孩子的兴趣点与学习结合起来，相信会有意外收获。（魏国旭）

29 语言的力量是巨大的，它不仅代表着观点和想法，在背后更是有一套行为方式，包括态度、思维、能力和水平。今天看到北京十一学校校长李希贵谈的三句话工作法，第一句：你说呢？第二句：你还有没有更好的方法？第三句：你真棒！我对此颇受启发。我们在日常教学中有时抱怨学生回答问题不积极，课堂讨论不活跃，其实，教师的语言在整个课堂中起着至关重要的作用。除设置小组探究问题外，在学生展示的同时我们更应该多些追问，比如你能分享一下你解决问题的方法吗？追问的问题也要经过精心设计。另外教师针对学生的回答，鼓励的语言很重要，但也不可过于单一，单一的语言反而会打消学生的积极性，可多想些鼓励、启发、表扬、提醒或赏

识的语言。教师评价用语的精彩，是课堂活跃的催化剂！（杨珂）

30 在一本书中看到过教育家赞可夫的一句话：“课本知识如果没有经过教师情感的加温，那么这种知识传授越多，你的学生将变得越冷漠。”今天在讲《送东阳马生序》时，不由得记起当年学习本文时被宋濂不顾环境恶劣、勤奋求学的精神所打动的情景。但是现在的学生似乎对此早已无感，这让我更加感受到一篇好的教材文章，如果没有老师适当地“加温”，真的就丧失了它的价值。再往深处思考，语文的学习应重在“品与悟”，而不是强硬和机械地练习，以这篇文章为例，情感态度与价值观的培养就显得尤为重要，品人物、谈感受，会让学生有很深的体会。（杨珂）

31 苏霍姆林斯基说：“学校应该成为书籍的王国。”“要天天看书，终身以书籍为友，这是一天也不断流的潺潺小溪，它充实着思想的江河。”开学之初在检查学生暑期作业时，那一本本或抄书评或字迹潦草的读书笔记，着实令人担忧！正如《开学第一课》主持人董卿的那一“跪”，言传身教是最好的教育。对于九年级的学生，面临紧张的升学压力，读书将是最适宜的安定剂，而分享将是最便捷的助推剂。生生间，师生间，组组间，利用课间、课前、专属读书课等时间分享读书心得，气氛活跃了，兴趣自然就有了。（杨珂）

32 今天上循环课之前，学生并不知道这节课有老师来听课。上课之前，我站在学生中间，身边有几个学生小声对我说：“老师，有人来听课……你放心吧，我们一定好好配合！”学生的这句话所反映出来的心态，对于我来说，并没有让我感到喜悦和轻松，我想对学生说的是，不管是随堂课，还是重要的赛课，你们都不需要刻意地去配合。

如今，随着课改的深入，课堂评价渐渐从关注老师转移到关注学生。学生的参与度、发言的质量、学习的状态，成了大家津津乐道的评价标准。这当然是对的，然而，如果我们深入观察学情就会发现，很多课堂出现了“表演”的新变种。学生“假装学习”“假装投入”“假装合作”，甚至最后还能“假装满足”。学生现在还意识不到这些，以为自己是在以正确的方式努力地学习。真正的学习一定是建立在旧知识上的新的建构、新的创造和探索，类似“实验室”中的探究。这样的探究需要创设情境，应该有难点攻克的过程，当然也允许失败，甚至有可能非常遗憾地有个别学生暂时不能跟上队伍。这样的课堂看起来并不完美，但是真实，尤其是我们现在学生的水平，这样的情况很正常。如果我们的培训目的是消灭课堂的不完美，我们学生展示的目的是卖弄自己的发现（不论这种发现是不是有利于新旧知识的对接），那么，你会发现，我们的学生总喜欢否定他人来突显自己的主张，讨论时虚假地“倾听”，甚至不愿意倾听，只为等待机会“展示”，合作中以竞争为主要状态，合作退至一旁。跟不上队伍的学生只好随声附和，随波逐流，假装明白。

那么这样的学习就是无效的，或者是低效的。最终，学生的所得依旧还要依赖老师最后总结出的“答案”，自己先前那一点点发现，早已变得不重要了。

所以，我们必须让学生明白，课堂是他们自己的，是实现自己能力提高的地方，不是为了配合谁而表演的舞台，不需要为了分数和表扬刻意表演，要关注自己真正的学习和成长。（朱虹）

33 “教师”这个词，从它诞生之初就仿佛解释了教师的任务，以教为主，好的教师应该是很“会教”。而现在，当今世界发展迅速，以个人的能力来说，教知识已经完全不可能胜任。你教得再多，也不可能使学生“够用”；

你教得再新，也不可能在学生毕业后，这些知识仍旧鲜活，甚至我们正在教的东西已经落伍。所以，教师的角色需要重新定位，那些“很会教”的老师，很可能是不合格的。我们应该成为一个“很会学”的教师，“很会激励”的教师，“很会启发引导和组织”的教师。和学生一起学习，一起成长，这才是新时代教师应该有的姿态。（朱虹）

34 学习使用模式，能够熟练掌握模式，有时候也会滋生一种懒惰思想，甚至产生一种错觉，似乎只要我用了典型的新模式，就符合新理念，就一定有好的课堂效果。其实不然。一节真正的好课，一定是教师在教授知识的同时，非常投入地用心用情，而学生和教师实现了“情感的分享与交流”。我们只有以信任和尊重的态度和学生互动，在情感的支撑下，去完成知识的建构和传授，这样才能事半功倍。无论是分析、理解、推理、综合，还是记忆、练习、复述等，表面上看，是纯理性的逻辑思考过程，但其展现过程都是靠情感支撑依托，学生没有情感的投入都不可能很好地完成。对一篇课文的任何分析和理解，本质上都是情感的一种投射。模式是没有情感和温度的，而我们教师必须有。我们和一节好课的距离，也许就在于那一点“温度”。（朱虹）

35 我们语文教师都应该知道，我们上课，不过是拿着课本在教，而不是只教课本。很多名师，是敢于自己选书目或者篇目来进行教学的。我觉得当我们努力进行这样一种思考和选择的时候，才是真正做到了用心。比如这一周我们讲授议论文单元，议论文这种文体其实是一种很实用的文体，它非常贴近生活，作者针对现实而生发议论，应该能给学生以启发，让学生学会对社会上的事情有分辨和批判的能力，有同情心或者多元价值观。基于这一点，我们就给学生补充印制了“新鲜的材料”，作为课本教学的有益补充，效

果就很好。(朱虹)

36 今天看到女儿幼儿园发的“每日一悟”——浪费生命的三件事：一、评论别人，别人不靠你活着，何况你未必了解他（她）的全部，论人长短不如取人之长补己之短；二、责怪他人，责怪人人都会，却无法改变现状，共勉之所以好过责怪，在于既提高了别人，也欢喜了大家；三、担忧，准备不足或者无力改变时才会担忧，前者需要行动，后者需要放下。想到平时跑操时如果没有被表扬，我问起怎么回事时，孩子们都开始互相埋怨，后来我要求不允许埋怨，要找自己的原因，现在跑完操埋怨别人跑得不好的声音越来越少了。另外，我还要求学生，如果闹矛盾，到办公室以后，要先说自己错到哪里了，再说别人。这样一来，他们的矛盾就越来越少，闹矛盾的孩子也能够互相理解，用最短的时间和好。(侯永静)

37 现在，许多孩子都是家里的独苗，集万千宠爱于一身，吃饭怕噎着、干活怕累着……在父母的羽翼下成长，是一种幸福，然而，舍得用孩子，孩子更能成大器哦。当孩子独立完成一件事时，他会觉得自己被需要，也会意识到更多的责任。那么，我们在课堂上就要给孩子创造这样的机会，让学生明白自己也被需要，也有责任要担当。相信学生，他们能讲得很好，鼓励学生去大胆尝试、去锻炼。放手去爱，也让孩子放心去飞，然后、期待孩子带给你的惊喜吧！(陈燕)

38 今天看到这样一段话：“学习，尤其是基础教育，最重要的不是聪明，也不是努力，而是学生要知道，学习是自己的责任，不可推卸。没有责任感，不懂得担当的孩子，找谁教也是教不来的。”看完以后我反思我们的学生：作业忘带了打电话让家长送过来，家长再忙也会尽快送到学校，下一周孩子的作业又忘带了，如此反复。如果我们让孩子自己回家拿，那么下一次他是否就不忘带作业了？反观我们的教学也是如此，学生作业出错，我们做教师的给他指出并纠正，一部分孩子会自己再做一遍，而另外一部分则是不再看，最终导致孩子们成绩出现差距。以后我们要放手让孩子们自己做事情，自己为自己的行为负责。学会担当，学会自己学习。（侯永静）

39 《学记》是世界上第一部阐述教育教学问题的专著，里面提到了几个教学原则，简称为“预”“时”“逊”“摩”“长善救失”“藏息相辅”“教学相长”。“预”指的是预防性教学原则；“时”指的是及时施教的教学原则；“逊”指的是循序渐进的教学原则；“摩”指的是学习观摩的教学原则；“长善救失”指的是用一个人的长处带动他的缺点，跟扬长避短有点类似的意思；“藏息相辅”就是指课内学习和课外学习要统一；“教学相长”的意思是老师和学生互相学习，共同进步（这个是经过演变后的意思，原意不是这个）。我觉得《学记》里提到的这些教育教学原则对我们今天的教学仍具有指导意义。（王伶俐）

40 “探寻知识源”体现在我们教学的每一个环节中，当我们把课堂还给学生，把知识的生成过程的研究、应用方法的实施还给学生的时候，我们就做到了让学生来探寻知识源了，而我们的教育也是如此。当学生知道了知识的产生过程，掌握了知识的运用方式，自然也就可以利用所学的知识进行研究、创新人类文明，而非守着已经创造出的知识财富。（冯俊辉）

41 学生学习数学的方式不能是一味地听讲、模仿和练习，更为重要的应该是学生的独立思考、自主探索，师生、生生之间的合作与交流。在教学中，教师应充分发掘学生的潜力，让学生学会思考，放手让学生动手操作，

自主探究，合作交流。（陈燕）

42 学习要多问，有了问题，才能有学习的方向；有了方向，才能有学习的兴趣；有了兴趣，才能有学习的动力；有了动力，才能有学习方式的转变；有了学习方式的转变，才能有学习的结果。科学的进步来源于问题，分析问题、解决问题的过程就是科学进步的过程，无论最后有没有解决最开始的问题，都会对科学的进步起到推动作用。所以，知识的源头是问题，我们要让学生学会发现问题，指导学习分析问题，借助个人的才智和团队的合作解决问题，进而形成自己的一套科学理论。（冯俊辉）

43 如何让学生由“学会”变成“会学”，是学习方式的转变，也是学习能力的体现。从学会知识到会安排自己的学习时间，从被动接受到主动寻求自己所要学习的知识，信息技术发达的时代，缺少的不是学习的方式，电脑、手机、平板，这些都可以让学生更容易地获取知识，关键是培养学生学习的习惯，让学生真正地做到“活到老，学到老”。（冯俊辉）

44 台湾一所中学的校训是“让青色更浓郁”，细细品味，教育的本质是让每一个学生发展得更好，让每一个学生在保留原有特色的前提下成为更好的自己，这也与我们的“以德育人”“尊重学生”不谋而合。我们老师要抛下功利心，静待花开，让自己不再是一桶水，去浇灌学生；而是把自己变成火种，在燃烧自己的同时也点燃学生内心的火种，让每一个学生成为优异的自己！（崔越）

45 不知不觉地已经是本学期的最后一个月了，七年级的同学们已经慢慢适应了初中的生活。刚入校时意气风发，第一次考试后对自己成绩的不满意，这些现象都已经渐渐没有了。而比较危险的是成绩靠后的几个同学因为成绩一直不好已经开始放弃学习了，如此发展下去将导致他们后面的课堂什么也听不懂。作为老师，我们很有必要和他们谈谈他们的状况，鼓励他们重拾斗志，再拼搏一下！（郭永峰）

46 知识的生成过程很重要。去括号法则是在乘法分配律的基础上得出来的，所以在讲去括号法则前，要让学生用乘法分配律去括号，然后观察、思考、讨论、归纳，得出去括号的规律，从而引出去括号法则。学生自己总结出来的知识要比老师直接告知的印象更加深刻，并且这个过程锻炼了学生的思维能力、交流能力、总结概括能力，促进了学生核心素养的发展。（路秀霞）

47 期中考试卷上出现利润率的问题，讲评完试卷之后，有学生问我：在计算利润率时为什么是利润除以进价而不是除以售价？“利润率，盈利能力的指标，不同地方、不同商场对同一产品的售价是不同的，但是它的进价一般是相同的，为使考查各个商场的盈利能力更准确、可信，所以除以进价。”这样解释后，学生说再也不会记错了。我平时只是给学生强调“数学源自生活，生活离不开数学”，但并未与实际生活结合着去讲。在以后教学中，若能恰当地去揭示概念、公式的形成过程、来源，一方面有效地激发学生学习数学的兴趣，另一方面对他们熟记概念、公式也有很大帮助。（刘彦丽）

48 有人说：“教师的语言如钥匙，能打开学生心灵的窗户，如火炬，能照亮学生的未来，如种子，能深埋在学生的心里。”当学生的表现有明显进步时，应及时运用肯定性、激励性语言，并适当给出方法上的指导，有利于提高学习的积极性和主动性，从而产生强大的内驱力。这两天我也在见证着这样做的魔力。前几日在几个学生的作业上留了些鼓励性的语言，之后这几个学生不管是在课上还是在写作业时，都表现得认真积极。作业质量的提高，直接促进了学生能力的提高，也能促进教学质量的提高。（臧艳）

49 教师从注重知识的传授转变到注重学生学习能力的培养，不仅要关注学生学习的结果，更重要的是要关注学生的学习过程，促进学生学会自主学习、合作学习，引导学生探究知识，让学生亲历、感受和理解知识产生和发展的过程，培养学生的学习素养和创新思维能力，重视学生的可持续发展，培养学生终身学习的能力。（高烨华）

50 作为教师，应该更新教育观念，真正做到从“填鸭式”教学转变为“启发式”教学，变学生被动听课为主动参与，变单纯知识传授为知能并重。要在反思自己教学行为的同时，观察并反思学生的学习过程，检查、审视学生在学习过程中学到了什么，遇到了什么，形成了怎样的能力，发现并解决了什么问题。这种反思有利于学生观察能力、自学能力、实验能力、思维能力和创新能力的提高。（高烨华）

51 学生取得进步，就应及时给予肯定和表扬，学生才能从教师的评价中得到信息反馈，提高学习积极性。新课标倡导“让每一个学生得到发展”，重心还在课堂，充分利用课堂，调动学生课堂学习的积极性，使真正有效的教学理念服务学生，强调课程从学生的学习兴趣、生活经验和认识水平出发，倡导体验、实践、参与、合作与交流的学习方式和任务型的教学途径，发展学生的语言运用能力，形成学生积极的情感态度、主动思维、大胆实践，形成学生自主学习的能力。（侯世琪）

52 好的教学是“多情”的。我们从事的是一种多情的事业，好老师一定是一个“情种”。老师对学生一定要有感情，老师首先是学生的“好家长”，要关心学生的学习和生活。中学生处于青春叛逆期，容易和家长闹别扭，心理上想独立，但是他们的思想还不是很成熟，在经济上还得依靠父母，这都是矛盾。家长都认为这个时期的孩子都不听话，因此我们要多投入一些感情在学生的身上，多给他们鼓励，多给他们理解，多关心他们的生活，让他们随时感受到老师的爱。一旦他们能够感觉到老师的关爱，就会对老师敞开心扉，把心放在学习上，从而学习也会提高。（侯世琪）

53 叔本华曾经说过：“单个的人是软弱无力的，就像漂流的鲁滨逊一样，只有同别人在一起，他才能完成许多事业。”在英语的学习中学生要学会与他人合作。师生间、生生间要善于平等交流合作。学生们各有千秋，集合在一起集思广益、各取所长，对于自我就更加完善，同时也养成了学生们的合作精神。不过值得注意的是合作学习是一个主动、积极和有意识的过程，并不是“团团围坐”就一定是在合作学习、一定能合作解决问题的。需要每个成员发挥最大价值，实现真正的合作学习。（侯世琪）

54 学生只有对自己、对英语及英语文化有积极的态度，才能保持英语学习的动力并取得成绩。因此，我努力创造宽松、民主、和谐的教学空间。尊重每个学生，把英语教学与学生的情感态度有机地结合起来，创造各种合作学习的活动，促进学生互相学习，互相帮助，体验成就感，发展合作精神。关注学习有困难的或性格内向的学生，尽可能地为他们创造使用语言的机会。建立融洽、民主的师生交流渠道，经常和学生一起反思学习过程和学习效果，互相鼓励和帮助，做到教学相长。（郭利青）

55 英语书面表达如同成绩进步的瓶颈，怎样努力才可以有所突破呢？如何在教学中培养学生的写作能力呢？学期末我进行了以下尝试：佳句摘录，激励性评价；课堂上即时训练；加强听力训练；积累词汇；书写规范，辅导式面批；围绕课文综合训练，促进写作。经过一段时间的师生共同努力，学生在写作方面的进步还是非常明显的，但是写作水平的提高，还需要坚持不懈的努力。（张爽）

56 英语作为一种语言，必须融入一定的情境之中。项目课程“Free Talk”就是要创造一定的语言环境，给孩子一个自由发展、自由发挥的天地。乌申斯基曾经说过：“儿童是用形象、声音、色彩和感觉思维的。”而表演正是集形象、声音、色彩和感觉于一体，它摆脱了死记硬背的旧模式。学生们运用所学的知识自编自导自演的“Free Talk”，成效较大。通过学生之间的策划交流和生动的表演，学生在欢乐愉快的情境中学会了重点句型，达到了人人能说的目的，在不知不觉中提高了听、说能力。（张爽）

57 复习课要高效，关键一点是要了解学生需要什么，清楚学生的薄弱点，复习的节奏是否符合学生的认知。有的复习课，老师站在讲台上滔滔不绝地讲，但学生总觉得是隔靴搔痒。虽然这样的复习课讲得十分精彩，但对学生帮助不大。比如我们常见的试卷讲评课，要提高效率，准备工作必须做细，我们要对全卷情况、每道题的答对率、各层次学生的差异性等了解清楚，然后抓住学生迫切需要解决的问题进行讲评，这样的讲评才有针对性，才会使学生有收获。同时让学生做好错题记录，每周要进行一次错题反馈。（罗思远）

58 因材施教是一项古老的教育教学原则，全面、深入地了解每一个学生，是实施因材施教、进行有效教学的基础。教师需要通过多种多样的课堂和课外活动，关心关注每一个学生，了解和尊重学生的个体差异，才能为学生提供有针对性的教育和指导。传统的教学，课堂是教师预设好的课堂，教师怎样教，学生就怎样学。学生根据教师的思路一步一步来掌握知识，教学过程基本忽略了学生的存在，是学生适应教师的过程。而新课程标准下的教学是教师和学生之间、学生和学生之间互动的过程。课堂教学重在学生怎么学而不是老师怎么教，活动过程要保障学生的主体地位。教学活动成功与否，关键取决于是否让学生主动参与学习的过程，获得了成功的体验。（王燕飞）

59 学生不是被动接受的容器；教师也不是先知先觉的扮演者，而是教学活动的组织者、参与者，既是导演，又是演员。教师是学生的引路人，师生一起探索、发现新知识，体验求知的快乐，并形成正确的情感和价值观。通过合作、互动，教学可以生动起来。合作是互动的前提，只有师生的教与学建立起一种合作的关系，才会进行有质量的互动。互动的核心是整合教学过程的各要素，它们使教师的教与学生的学产生共鸣。只有这样，教学才能生动起来。（王燕飞）

60 衡量一堂课是否优质的标准，不应当以老师讲了多少时间、是否用了多媒体、课堂气氛是否活跃、是否有热闹的双边活动等教条、机械的模式去考量，而应以是否能引导学生的思维参与，是否能点燃学生智慧的火花，是否有深层的设疑启智，是否能提升学生的自主、合作、探究来考量。“双边活动”要切近教学内容和目标，要有深度，要真正体现学生参与学习的心智活动；课堂氛围要严肃、活泼；课堂发问、讨论要有启发意义和思考价值，不能停留在“是不是、对不对”的师生对话上。只图热闹不顾实效的表面化、形式化的师生讨论是花架子。教学手段应多样化，既不能单一呆板，又不能喧宾夺主，应注重学生知识积累和能力的培养。（王燕飞）

61 在英语教学中，如果教师能准确、适当、自然协调地运用体态语言，不仅能帮助组织教学，激活学生的学习情绪，活跃课堂气氛，增强教学效果，还能开拓学生的思维能力，培养学生语言和动作的表达能力。这不也正是英语素质教育的需要吗？因此，在英语教学中，应该有意识地将非语言交流手段利用起来，突出“哑语”的作用，使其最优化地为英语教学服务。（张诗雨）

62 对大多数老师来说，工作就是这样琐屑而平淡，日复一日，年复一年，既不会有可歌可泣的闪光事迹，也不会有悲壮辉煌的精彩瞬间。师德，就融入在平平淡淡的工作中，体现在点点滴滴的小事中。平平淡淡才是真，点点滴滴皆育人。“学无常师，惟德所在”，师德不就平淡如水吗？如果有人想诠释师德的内涵，我会说：师德如水，而真水无香。（张诗雨）

63 教育是爱的共鸣，是心和心的呼应。教师只有热爱学生，才能教育好学生，才能使教育发挥最大限度的作用。可以说，热爱学生是教师职业道德的根本。对学生冷漠，缺乏热情，绝不是一个有良好师德的好教师。教师爱学生体现在“严”和“慈”上。常言道：“严师出高徒。”又说：“严是爱，宽是害。”对学生不严格要求，不严格训练，难以培育出可靠的接班人和合格的建设者。（张诗雨）

64 课堂是一个大舞台，孩子们在其中人人自由，充分展示自我；“我主动、我成功、我快乐”是孩子们内心的向往；教师起引领作用，改变传统教学模式，还课堂于学生，使学生在快乐中学习。“让学生真正成为学习的主人”变为了现实，通过对高效课堂有关内容的学习，我懂得了，作为一名教师，在课堂上我们不仅要好好讲课，更要注重教的方法和学生学的方法，培养学生的积极性和主动性。（王燕飞）

65 “教学有法，但无定法”道出了优化教学方法的必要性和重要性。过去“满堂灌”和“一言堂”教学，老师累，学生更是缺少独自思考和实践的机会，收获甚微。新课标下的教学是教师与学生互动的过程，是一种心灵之间的沟通，学生成了课堂的主动者，并在活动与探讨中获得领悟。（王聪聪）

66 美国哲学家艾瑞克·弗洛姆在《爱的艺术》中说，“母亲代表大自然、大地与海洋，是我们的故乡”，而“父亲则代表人类生存的另一个极端：思想的世界，法律、秩序和纪律等事物的世界”。大自然有阴阳二气，家庭教育中就应该有父教、母教的双轨并进。健康而健全的孩子，不仅应享有母亲的温暖、平和、细腻与慈爱，拥有更多安全感，也应能浸润于父亲的勇敢与阳刚、严格与宽厚，拥有更多价值感，从而确定开阔高远的人生方向和目标。然而，有些家庭往往寄希望于学校教育而忽略了家庭教育，孩子一出现问题就把责任归咎于学校，殊不知家庭教育比学校教育对孩子的影响更大。（商海晶）

67 分析中考地理试题，其一大特点是灵活、联系实际，死记硬背是不行的，必须培养学生综合分析解决问题的能力，识图、析图、解图的能力。地图是学习地理知识的重要工具，在复习过程中，要使学生真正做到能识图，会用图，能根据图示思考、解决相关问题。使学生掌握好基础知识、基本技能，学习到对他们终生发展有用的地理知识。通过复习弥补知识的缺漏，强化重点，解决难点，真正提高学生的地理科学素养。使学生通过复习既在知识上有所收获，又能增强学生的自信心。（王晓静）

68 爱因斯坦曾说：“兴趣和爱好是最好的老师。”兴趣是地理学习过程中强大的动力，它能促使教学过程的良性循环。传统教学过程中教师只凭一张嘴、一支粉笔、一幅挂图，手段单调、呆板，学生很容易感到疲劳和枯燥。最近，我在教学过程中适当地运用多媒体，创设一种学生喜闻乐见的、生动活泼的学习氛围，就能激发学生的学习兴趣，调动学生的学习积极性。文本、图像、音频、动画和视频这些多媒体手段的使用能引发学生的学习兴趣，造成愉快接受知识的心态，使学生真正成为学习的主体，教学达到满意的效果。有很多的风景名胜学生不可能都去过，而我们也没有条件带学生去实地考察，如果仅仅依靠语言来描述，就显得苍白无力，学生容易疲劳。然而使用多媒体课件，让学生观赏景观图片，让学生“身临其境”，这样教学就能达到事半功倍的效果。这样就激发了学生的求知欲，提高了学习的兴趣。（王晓静）

69 教师要扮好倾听者、重组者、等待者、提升者这几种角色。做到心中有案，行中无案，寓有形的预设于无形的、动态的教学中，不断捕捉、判断、重组课堂教学中从学生那里生成的各种信息，灵活驾驭教学过程，推进教学过程在具体情境中的有效生成。所以在教学中，当学生有了“火花”生成时，不要被这种“火花”电倒，应该采取积极的鼓励态度，如果学生的这种“火花”在课堂上无法进行研究或展开，则留到课余或其他条件成熟时再研究，而这个过程需要教师全程参与和关注，不要简单地布置学生下课之后再研究，然后就不了了之，由于年龄、心理方面的限制，学生不可能会再进行进一步的研究，一次机会也就这样消失了。而在课堂中能研究的、能放大的，则必须敏感地捕捉和利用起来，要让学生有这样的感觉：无论是课堂上能研究的还是不能研究的，只要是我提出来的而且是有价值的，老师都会很重视，而且会和我一起想办法创造条件去进行研究。时间一久，学生的问题意识、学生的创新精神就会培养出来。（王晓静）

70 七年级地理内容庞杂，从自然地理到人文地理，相互交融，尤其是在自然地理部分，可以运用学生熟悉的歌词、俗语、古诗等解决地理问题："我家住在黄土高坡，大风从坡上刮过，不管是西北风还是东南风……"，"一场春雨一场暖，一场秋雨一场寒"，"早穿皮袄午穿纱，围着火炉吃西瓜"，"人间四月芳菲尽，山寺桃花始盛开"，"羌笛何须怨杨柳，春风不度玉门关"，等等。通过这些歌词、俗语、古诗词来学习地理，不仅可以使生涩的地理知识显得妙趣横生，还可以较好地掌握一些诗词名句，增强综合思维能力，真正体现新课程标准的综合性特征。（贾萌萌）

71 教师的设计和学生的参与是相互促进的。教师设计引导掌握着课堂的节奏，一刻不马虎；学生则充分参与学习，参与活动，参与探究，体验收获。充分的参与使学生不仅学到了知识，受到了深刻的教育，也培养了动手能力、探究能力、表达能力、协作能力、总结归纳能力、知识迁移能力，同时完成了教学既定的目标。学生在参与中出现的问题反过来提示教师改变教学设计，完善教学设计。（李晓芳）

72 地理学科具有实践性特点，有很多内容需要学生实地观察才能更好地理解。比如设置考察乡村聚落和城市聚落的优缺点环节，城市和乡村的学生利用节假日实地考察，对周边的聚落做调查，分析城市和乡村的区别；或者设置节能减排、低碳环保的主题，让学生体验共享单车、公共交通等，做出城市中低碳环保的优秀案例。有的小组有感而发，不仅整理出关于节约资源的诸多案例，还利用黑板报把这些内容分享给其他同学，不仅展示了自我的风采，让其他同学也有了认真调查研究的动力。这种参与方式可以让学生通过社会实践运用地理知识，不仅增加了地理学习的趣味性，而且加深了学生对地理知识的理解。（李晓芳）

73 传统的复习课是以老师讲授为主，以知识为主体，学生被动接受知识，通过大量的重复的练习强迫记忆。整个复习过程学生往往疲惫不堪，结果收效甚微。新课改提倡以学生为主体，充分发挥学生的主观能动性，以培养学生能力为目标，注重知识与生活、社会实践的联系，扩展知识技能，完善知识结构。针对这一要求，本课教学打破了传统的复习课教学模式，采用以问题为载体，以习练为手段，以帮助学生归纳、整理、巩固知识为目的，以培养学生学会学习、发展学生能力为宗旨的“互动、交流、探究式”的复习模式，注重突显学生分析、归纳和整合知识能力的培养，突出对学生学习方法内化的指导，使学生能学以致用。（陈东丽）

74 陶行知先生有句话说得好：“我们必须变成小孩子，才配做小孩子的先生。”做一个童心未泯的智者，做一个富有好奇心的乐教者，收获孩子的笑，收获自己不老的青春，这正是我们作为教育工作者所要追求的境界。（李颖丽）

75 教育的目的是把学生培养成有独立人格、有道德修养的人。在我们育人的过程中，当学生领悟了仁、义、礼、智、信等中华传统真谛，不仅使他个人修养得到升华，他的成绩作为附加品也会得到全面提高。（原五庆）

76 老师的一句话，一个眼神，一种态度，一个做法，不仅会影响学生的学习成绩，还可能会影响到他的人生观，甚至是他未来的发展。我们老师给予学生的不应仅仅是知识、成绩，更应该是一种积极向上的态度，一种人生的引导。（原五庆）

77 德国著名教育家第斯多惠说过：“教育的艺术不在于传授知识和本领，而在于激励、唤醒和鼓舞。”学生进入初中，作为老师，应该开始引导他思考为什么要学习，学习对于他将来的生活有什么样的影响等，进而思考以后要成为什么样的人，并开始做一项有意义的工作——实现自己的人生规划，而不是单纯地说考什么样的大学。项目课程恰恰是激活、唤醒学生内心的那个“魂”的一种途径，可以帮助学生更好地认识自己、超越自己，以便于学生树立正确的人生观。（魏俊艳）

78 《孟子·公孙丑上》：“无恻隐之心，非人也；无羞恶之心，非人也；无辞让之心，非人也；无是非之心，非人也。”作为教师，不仅要教会学生学习知识，更重要的是要以身作则，教会学生明礼守信、明辨是非，规劝学生的行为，诚信友善，人人争当绅士淑女。（魏军）

79 最近脑海里一直浮现朱永新的一句话：“相信种子，相信岁月。”每个孩子都是一粒花的种子，只不过每个人的花期不同。有的花，一开始就会灿烂地绽放；有的花，则需要漫长的等待，不要看着别人怒放了，自己的那棵还没动静就着急。相信孩子，静等花开。也许你的种子永远不会开花，因为它是参天大树！龙应台在《孩子，你慢慢来》一书中写道：“我，坐在斜阳浅照的台阶上，望着这个眼睛清亮的小孩专心地做一件事。是的，我愿意等上一辈子的时间，让他从从容容地把这个蝴蝶结扎好，用他5岁的手指。孩子，慢慢来，慢慢来……”教育不只是教导或训练，更是一种陪伴和一同感受。（魏军）

80 物理规律（包括定律、定理、原理、法则和公式等）是物理现象、过程在一定条件下发生、发展和变化的必然趋势及本质联系的反映，它是中学物理基础知识最重要的内容，是物理知识结构体系的枢纽。物理规律的教学既是物理知识教学的核心内容，也是新课标强调的培养学生实验探究能力、锻炼学生思维能力的重要途径。（刘峰）

81 爱因斯坦说：“提出一个问题往往比解决一个问题更重要。”提出问题是学生思维活动的开始，有利于启迪学生的创造“潜质”。在我们的日常教学中，我们往往会遇到有的学生提出“没头脑”的问题，或者说学生思维走入了某种“误区”。面对这种情况，我想，我们要允许学生走入“误区”，留给他们思考的时间，让他们在思维摩擦中自省自悟，把改进的机会留给学生，促进学生的自悟，启动学生的创造潜能。（罗小方）

82 爱因斯坦说，“如果人们忘掉了他们在学校里所学到的每一样东西，那么留下来的就是教育”。那么，留下来的到底是什么？这是一直让人思考的问题，让我试着回答一下吧。留下来的应该是智力和非智力的提升，是性格和人格的养成，是道德和人伦的涵养，是理想和信念的坚定。（吕庆生）

83 杜威讲：“知识除了探究，别无意义。”怎样来理解这句话呢？一是知识只有通过探究才能真正掌握；二是知识是用来做探究的素材；三是掌握知识远不如拥有探究能力重要。至于探究的方式是一定要学生参与的，可以

是一个人静思，可以是两个人对学，也可以是小组群学。老师告知的终究不是自己探究来的。（吕庆生）

84 面对学习是积极主动还是消极被动，这是一个大问题！因为这不仅关乎现在的学习成绩，而且关乎形成什么样的人生态度。怎么样才能让学生积极主动起来呢？首先，应该让学生明白学习是自己成长的过程，是自己的事；其次，每个人应该有目标追求，在追求目标的过程中形成积极主动的人生态度；再次，有意识地训练自己主动去做一些事情；最后，有意识地把老师父母的要求（被动力）转化为自己成长的动力。明白道理很重要，而更关键的是行动！（吕庆生）

85 没有培训就没有课改。何以有这样的论断呢？因为课改需要统一思想、统一意志、统一行动，因为课改需要不断学习新理念、与时俱进，因为课改需要不断发现、解决推进进程中的问题，需要老师们交流提升。当然，如何让培训更加有效也是应该思考的问题。（吕庆生）

86 化学是起始学科，前几节课的目的不在于学生学习了多少知识，提升了多少能力，比这两个都重要的是激发同学们对化学课的兴趣，掌握化学学科的学习方法。无论教材上有没有演示实验，每节课我们都会安排跟课堂密切相关的1～2个小实验，产生“首因效应”，学生就很容易爱上神奇的、变化的、有魅力的化学学科。热爱是最好的老师，然后再引导学生观察表面实验现象，思考内在原因，联系生活实际，让学生掌握由表及里认识事物的方法，培养透过现象看本质的朴素的哲学思想，建立学以致用、普遍联系的观点，在学科中培养综合素养。例如，“燃不坏的手帕”这个实验书上没有，是我们创造条件增加的。我告诉学生，老师爱学生就是最大限度减轻学生负担，让学生在轻松愉快的环境中健康成长，不是穿着爱的外衣，没人情味的严，那实际是伤害。我告诉学生我是幸福的，因为我付出了，学生看到、听到并懂得。（冯艳景）

87 教育的目的就是唤醒，唤醒沉睡的心，倾听学生的声音，了解他们的想法，激发他们的潜能，在与学生每一次交流讨论中碰撞出智慧的火花。起初，我上课时不喜欢被学生的问题打断，但是，认真倾听了他们的想法后，才觉得课堂变得更加丰富多彩，交流和沟通会让课堂更有魅力。学生每一个看似离谱的想法却充满了思考的力量。（李桢）

88 教师写作不仅是积累经验的一种方式，更是逼迫自己勤于阅读和思考的强劲动力。虽工作辛劳，文笔粗陋，但我仍坚持用文字记录自己的教育生活，让忙碌的我不断与宁静对话，不断接受理智的批判，不断接受理论的提升。（牛雪丽）

89 化学的学习可以从以下几个方面入手：首先问题情境必须贴近学生的实际生活，活动内容必须与学生已有的知识结构和认知水平同步；其次要让学生有一个独立思考的过程，让他们带着自己的观点去充分地讨论研究，发现自己的不足，构建完整全面的知识体系；最后对不同层次的学生要有不同的要求，允许学生有不同的方法和观点，让学生在交流、探究、比较的过程中将知识优化组合，完成筛选，做出正确判断。（孙志丹）

90 新课改理念下，我们已经不能仅仅是“教生物”，应该是“教人学生物”，简单的两字之差，却折射出不同的理念。前者强调知识的灌输，而后者则更注重能力的培养。（段超男）

教学管理：打造高效课堂

1 课堂上，我总是尽可能把课本上的内容转化为小游戏、小竞赛等形式来激发学生的学习兴趣，鼓励他们热情参与，让课堂动起来。例如：在教《鲁提辖拳打镇关西》一课时，我巧妙地将课文内容设置为一个小话剧，经过我的精心指导，学生在“舞台”上通过丰富的表情、生动的语言将课文中的人物扮演得栩栩如生。一节课下来，既锻炼了学生的口语表达能力，又加深了对课文的理解，同时也提高了学生的学习兴趣。这种在乐中学的方式大大提高了学生学习的积极性，也使学生牢固地掌握了所学的内容。学生的变化与收获让我感觉自己的教改之路步入了正轨。于是，我放开了手脚，更加大胆地进行尝试。教学中，我鼓励学生们根据个人兴趣和能力主动探索研究。在学习事理说明文时，我让学生们课前去翻阅书刊或上网查询一些自己感兴趣的相关知识，然后在课堂上交流，大家一起分享成果，既节省了时间，又满足了每个学生的探索欲望。（刘仟）

2 九年级开学以来，班上的绝大部分学生都有着十足的干劲儿，但我发现一个问题，成绩稍差的学生，基础差，自制力差，每天虽然很努力，却收效甚微。据此，我备课时考虑到了不同学生的实际情况并进行分层备课，对各层次的同学分别提出不同的要求，设计不同的教学目标，使他们在各自的能力范围内得到充分的发展。针对不同基础知识的学生设计有阶梯、有弹性的作业，我认为激发学生学习兴趣是根本，推行了一个多星期，效果很明显。根据学生的实际情况，尊重学生的差异，进行有针对性的评价，通过评价在班级中形成竞争氛围，尽可能使不同层次的学生都有成功的可能和喜悦。（刘仟）

3 今天七年级开了月考表彰会，会上表彰了每个班级的九月份优胜小组。关于小组培训，我想说，我们教师在设计合作学习的内容时，要引导学生自己提出问题、自己分析问题、自己解决问题，力求在合作的过程中有所争论、有所发现、有所创新。另外，小组长是一个小组的核心，一个做事认真负责的小组长能带领整个小组积极向上。可以利用各小组的组员评价为民意基础选出小组长，这样选出来的小组长基本上是比较有威信的，而他自己也非常有自豪感，开展工作或组织活动更顺利。但不提倡小组长“终身制”，可以鼓励学生竞争，如果组员觉得组长做得不称职，并提出合理的理由，可改选出认为能胜任的小组长。优秀小组的产生，原因多在于小组长的出色领导和较强的责任感。（刘仟）

4 胡适先生曾经说过，“不怕真理无穷，进一寸有一寸的欢喜”。备战月考，部分同学在面对突然增加的课业负担时显得手足无措，显得忙碌不堪，没有计划性。有些基础薄弱的同学更是有放弃的打算。为了给学生们信心，我让学生们每天列清单，完成哪怕小小的一项也会给予及时的表扬。分层布置作业，让所有学生都能有成就感，这样人人都有事做，班级学习的氛围也会逐渐变得浓烈起来。向前走一步，再走一步，就会离成功更近一步。（肖冬）

5 具有传染能力的不仅仅是疾病，还有意志力。班风的形成就与此有关，情绪会传染，意志力、行动力也会传染。如果周遭的人都缺乏意志品质，没有毅力，没有执行力，除非有坚定的意志品质，否则长此以往都会被影响，从而丧失意志力，让自己不再进步。一个学习小组，最佳状态是所有人都积极向上，充满信心。如果有个别人缺乏必要的意志力品质，那么就需要更多的人去帮助他，否则很有可能导致其他人受到影响。起始年级，更应做好共同进步，不抛弃，不放弃。（肖冬）

6 由“有感情的诵读”引发的思考。九年级下学期的教学进入到了最后一个古诗单元的学习，有感情的诵读是必不可少的一个环节。教师的范读更是一个引领学生进入情境的重要方式。可是每当老师情绪饱满地去诵读时，最开始总会有一部分同学在嬉笑，认为这样的诵读过于夸张。尤其当学生代表去诵读时，这样的情形会更为严重。这种现象产生的原因无外乎孩子年龄小，但更多的是缺乏对知识的敬畏之心、严肃之意。每当这时，我总是让诵读的学生停下来，等待那些不严肃认真的同学。从能否进行有感情的诵读，可以看出一个人对课堂的投入状态。经过引导后，学生们变得不再那么浮躁和大惊小怪了，而是去挑战自我，去扮演作者，去体会作者、体会当时的情景。以情去带动课堂，带动教学，学生才会慢慢地对朗读产生兴趣，进而爱上语文，感受语文学科的魅力。（肖冬）

7 语文作业的设置是为了学生的语文素养和语文能力得到提高，不是为了作业而作业，所以在正确理解语文课程性质及目标的前提下，语文作业的设置就要考虑学生的负担适度，也就是说学生要做一些必要的语文作业，但不能让学生疲于应付一些对语文学习没有实际意义的作业，因为这样的语文作业不但没有学习意义，反而消减了学生学习语文的兴趣。（云慧玉）

8 要想更好地进行朗读教学，首先必须保证学生有足够的朗读时间。但是在当前的初中语文教学中，许多老师在课堂上并没有给学生时间来进行朗读，而是将大部分的课堂时间都花在了知识点的讲解上，从而使得学生没有时间来进行朗读。许多初中语文教师为了将课文内容进行梳理，就将课文逐字逐句地为学生进行解读。但是语文学科往往更侧重于感性认识，即使教师十分细致地对课文进行了解析，学生也有可能会不理解。相反，如果让学生自己进行朗读，在朗读的过程中，学生将自己代入了课文的情景之中，或许能够对课文进行更加深入的理解。再加之许多教师的教学目的是提高学生的语文成绩，而并非提高学生的语文水平，所以就使得教师过分注重知识的讲解，而导致学生没有充足的时间来进行朗读。（云慧玉）

9 卢梭说："问题不在于教他各种学问，而在于培养他爱好学问的兴趣，而且在这种兴趣充分增长起来的时候，教他以研究学问的方法。"我们现在的课堂正是落实了这种思想。尤其是在九年级的一轮复习中，大量的古诗文要反复复习，学生在复习旧课的时候普遍有烦躁不耐烦的情绪，认为自己早已经学过的东西再来"热剩饭"没有意思，甚至盲目乐观：就那么点东西，我早就会了。这样就会导致复习不扎实的现象出现。针对这种情况，我们组的老师纷纷请出"学生教师"，兵教兵，兵管兵，以兵治兵。这样负责教授的学生为了教会他的"兵"就会积极地去想各种办法，在这个过程中能够灵巧地掌握学习方法，使强的更强，待优生也有了较大的进步。这周魏国旭老师的循环课就是这种形式的集中体现，尤其是最后一个环节，大大激发了学生的学习兴趣，是值得我们共同借鉴的。（云慧玉）

10 周一，我把两个班的课代表聚在一起讨论了"原创现代诗朗诵比赛”的议程安排及注意事项等，其中宋恺玥同学侃侃而谈，很有想法，设想安排都很周到。两班的朗诵比赛都如火如荼，同学们的诗歌创作热情也被大大激发了，写出了好多让我耳目一新的好诗。今天，我又随机召集了八名读了《朝花夕拾》的学生进行培训——与其说培训不如说探讨，我把我在读书时遇到的疑问提出来，同学们答得特别好，蔡明霄同学几乎把整本书都背下来了。通过这次探讨，极大地加深了大家对这本书内容的理解，也激发了同学们的读书热情，希望明天课堂的讨论点评能激发更多人的读书热情。（都金玲）

11 古诗赏析课自来都是我不擅长讲的课，以前都是像大学课堂那样，老师在台上声情并茂，自我陶醉，学生在台下云里雾里，好像看戏，考试全凭自我发挥。后来课改了，课改初期，我是设计几道题，让学生讨论展示，但是发现一节课一首诗也只能解决一半的问题，因为学生的答案与正确答案差别太大，还需要重新给答案，课堂太低效。再后来我干脆课前就把题和答案抄好给他们，上课采取各种形式检查比赛，这种形式对于记忆型学生有效果，但是理解型学生却失去了学习的兴趣。现在，我吸取教训又换了方法，先传授给学生中考常考的题型问法和对应的得分要点，然后让学生根据这些自己出题自己拟答案并到黑板上展示，这样，理解型的学生积极思考，踊跃展示，答案大差不差，记忆型学生记好黑板上的问题再背诵，大家各展所长，都有事可做，课堂效率也高多了。当然，问题还是会有的，我会继续改进，相信会越来越好！（都金玲）

12 看到一句话，觉得很有感触：“有效的教育是先严后松，无效的教育是先松后严。”这句话可以体现在教学的方方面面。首先，在课堂纪律上，总的要求是不许说话，不许做与写和听无关的一切事情，在实际操作中，这些是很难真正实现的。学生不是机器，所以，先严格要求，个别不小心的错误是可以忽略不计的，当然故意犯错的除外。其次，体现在作业上，总的要求是必须保质保量全部交齐，但是实际操作中，难免有客观原因没有完成的，可以宽松处理，但是主观故意不完成的就要严格处理了。除此之外，还体现在学习生活中的每一个“第一次”中，第一次展示，第一次点评，第一次检查作业，第一次学习诗歌，第一次学习古文，等等，第一次一定严格要求，以后再发挥学生的特长个性，展现风采，才能达到既规范管理又因材施教的效果。相反，多年经验证明，如果先“放羊”，所谓的先让学生随意发挥、尽情展示，再因材施教，针对性管理，一定会导致后期管理问题重重。（都金玲）

13 第一单元主要学习的是散文，散文又称美文，美文一定要美读，可是对于七年级的学生来说并非易事。首先我觉得应该先让学生把课文读准读通，朱熹有言：凡读书……须要读得字字响亮，不可误一字，不可少一字，不可多一字，不可倒一字，不可牵强暗记，只是要多诵数遍，自然上口，久远不忘。问题在于，这样读书，有人不屑一顾，有人不以为然，有人不了了之，也有人不知所措。学生的读书水平普遍不高，这不能不说是一个重要原因。把功夫扎扎实实地用在读原文上，这是学好语文的金玉良言。作为一名语文老师，要给以学生朗读技巧的指导，通过指导，学生可以把感情把握得很到位，学生们的感情往往比我们老师更丰富！（赵燕慧）

14 今天的自读课，让我更加深刻地意识到做好教学设计和学科组培训工作的重要性。在教学设计中，如何选取一个主问题来贯穿整个课堂，使所有环节都围绕这个问题展开并能在学生注意力最集中的合理时间段内解决掉，这是我在接下来的备课上课中，必须要更加用心去思考的问题。同时，“采薇”展示、讨论点评让我意识到在学科组培训中忽视了的一些问题，感受到新课堂下，目前班级学科组的培训必须细致化。所以，接下来，会去多

听、多学、多问、多思考，更快、更好地把握新课堂。（康婷婷）

15 今天听了海鹏老师的《走一步，再走一步》，感受很深。首先，整节课的设计既内容充实又形式多样，感觉自己听完后学习到了很多。让我感受最深的是海鹏老师结合课文对学生写作的指导。这让我想到了在上周备课会上，潘老师关于《散步》的讲解，也指出了可以结合文章的写作技巧，去指导学生写作，减轻学生写作负担。昨天的作文课，两个班的学生给了我很多惊喜和意外。我在这节作文课上结合了潘老师提到的《散步》中的对称句和大词小用实践了一下，没想到学生的生成特别好。这节课我是作为活动课来讲，关于对称句，我先给了一个例子：生命如海洋。学生对出了希望如朝阳、岁月如篇章。后来难度升级，我又给出了一个长一点的句子：思念是母亲鬓角的缕缕白发。两个班的学生对出了一组排比句：思念是父亲的一通欲言又止的电话，思念是游子奔赴他乡的悲伤，思念是家人望穿秋水的凝望。这个排比句一出来，我觉得很意外，因为平时他们的作文写得非常稚嫩，但是这组排比句却写得既贴切又恰当。大词小用环节也有很多收获。这节作文课给了我很多启发，我们一直说作文难写，但是我们是不是能从学生已学的课文中去寻找学生已知的写作技巧？通过学生熟悉的内容去进行不熟悉的写作，对学生来说，一是增添了写作文的乐趣，二是降低了写作难度。这节课上完，他们都感觉时间过得非常快。我感觉，这也是对一节课所讲的内容最好的回馈。（王卓）

16 写作一直都是学生的弱项，素材的贫乏、感知的迟钝及技法的缺失是他们普遍存在的问题，所以在教学过程当中应该针对以上问题来做相应的补充和指导。片段式的训练和指导在教学过程当中非常容易实现，比如心理描写，可以在《狼》中进行训练，“大窘”的具体内心活动是怎样的？根据上下文的情节进行合理的想象，心理、动作、神态、环境及其他事物的描写都可以体现。再比如场面描写，在《狼》中遇狼和杀狼的环节和《动物笑谈》中小水鸭实验部分都可以进行。当学生掌握了基本的写作技巧后，作文枯燥单调的情况便可以改善不少，相信经过不断的训练和指导，学生对作文的兴趣会渐渐提高。消除恐惧提升兴趣，这算是提升整体作文质量的第一步。（潘雪静）

17 本周学科小组培训的主要内容是“团队协作意识”的强化提升。一周之后，学科小组和学科班长等都已经确定并建立完毕，但依旧存在着不能高效运转、执行力和要求标准不高的问题。针对这些问题，我们提出“人人都是主人翁”的观念，学科班长要发挥自己的引领作用，高标准规范自身，做好榜样，并且有组织协调、提醒监督学科组长的义务。更关键的是学科组长和组员，一定也要有主人翁意识，不能想当然地等待“被组织”“被提醒”“被安排”“被引领”，应该意识到自己也是组内的一个重要成员，除了主动完成并落实个人作业和任务，更应该主动承担力所能及的关于组内的各项事务。所谓“同心勠力”，也就是如此。更何况，所有实践的副产品，一定是自身能力的提升！我们一直在强调小组合作，但小组是否真正形成向心力更是我们应该考虑的问题。一群人在一起，只是具备小组的形式，而大家的心在一起，才有了团队的内核！无论是学生的学科小组，还是我们老师的备课组，团队精神和主人翁意识都是值得我们反思和不断强化的内容！（潘雪静）

18 开学第一周，新教材，新学生，希望与挑战并存。学生从小学步入中学，目前存在比较突出的问题是纪律性不强和对课改模式陌生，所以组建学科小组并进行相关培训的工作迫在眉睫。从开学到今天的五天内，我对两个班的学科小组进行了两次大培训、一次小培训，效果正在逐步显现。从最初课堂上的人声鼎沸压不住到现在的懂得倾听能按要求思考讨论，从最初的零散混乱的展示点评到现在完整有序的板块展示点评，从最初形式各异的作业格式到现在雏形已现的作业模版，从最初七嘴八舌的指点到现在各司其职的运转……一切都在向着我们期望的方向发展着。我和学科老师讲也和学科班长、组长讲，遇到困难和挑战都是再正常不过的事情，我们要做的是针对问题寻找解决和改进的方法，不言辛苦，在自己和学生一天天的进步中感受新学期的喜悦吧！（潘雪静）

19 进入九年级，学习节奏比较快，尤其是古文和诗词成了重点，孩子们在学习的同时怎样快速有效地消化，是一个值得我们思考并解决的问题。结合中考的答题特点，我在古诗词学习的课堂上采用了“关键词”赏析的方法，摒弃长篇大论的解析类语言，三五个关键词列出来，孩子们很快就能记在脑子里，以此为重点，用自己的语言进行进一步的具体阐述即可。关键词就是骨架，而自己的具体阐述就是血肉，这样孩子们在记忆的时候就有针对性和重点，意思对即可。这样的方法很有效，在检测的时候孩子们都能一下子抓到重点，其他的解析由关键词而生发，万变不离其宗。希望在初中的最后阶段，我们都能找到更为切实有效的方法帮助学生提高效率，以便节省他们的宝贵时间！（潘雪静）

20 步入九年级，课程进度明显加快，而一些学生并没有真正进入状态，还处于盲目的随流状态，没有自己的方法，不会安排自己的学习，因此学习很累并且效率不高。我一直在提醒学生要善于思考，不要急于去行动，比如作业很多，那么我如何统筹安排先后顺序，某项作业大概多长时间完成，分几步完成，等等。任务多的情况下更要做好计划，做到心中有数，而不应该想起哪样是哪样，想怎么做就怎么做，结果是应付差事效率极低。有的学生每天都要制订第二天的学习计划，几乎具体到几点几分做什么，吃饭多久，杂事多久，等等，并且要对照今天计划的落实情况。我认为，这样的量化计划有利于培养学生有目的、有效率的学习习惯。九年级的时间很宝贵，如何在有限的时间里发挥出最大的能量，是值得我们思考的问题。（潘雪静）

21 每个学生都是一个独立的存在，不管学习成绩怎么样，从心底里，他们还是希望能得到老师的认可和关注。对待那些上课从来不爱听讲的同学，一开始我的处理办法是课前给他们指定篇目，课上抄，下课检查，这样既能确保上课不影响别人学习，又能让他学点知识，但是后来发现收获很小。然后，我就激发他们的积极性，让他们主动参与到语文课里，比如，让他们帮助语文课代表抱作业、收作业、记不交作业的同学名单。这样一来他们的参与感就有了，不至于认为语文课就是好学生的语文课，跟他们没有关系。这样实行了半个月，我发现学生上课说话的现象很少出现了，也开始敢于回答问题了，虽然每次回答得不尽如人意，但是，这对他们来说已经是一个不小的进步，而且会在班里边比较乱的时候帮老师维持秩序。增强每个学生的参与感对我的语文课堂有了很大的帮助。（李亚伟）

22 新的学期，面对从小学升入初中的这些懵懂的孩子，教师的呵斥只能暂时制止孩子们不规矩的举动，但要使学生真正改掉坏习惯，我们必须循循善诱。比如在讲《论语》时，一个学生正好在不停地玩弄手中的笔，我笑着对大家说：你们由此想到了这一课中的哪句话？学生们异口同声地说：其不善者而改之。那位同学立刻不玩笔了，而且坐得特别规矩。刚开学，个别学生的作业写得很糟糕，一看就是没有用心。我除了让他们重新写，还单独和他们谈话，了解情况，并鼓励他们争取在下次的作业评比中得到老师的表扬。我相信，年长的教师有教育学生的经验与方法，但我们年轻的教师可以多花些时间与学生沟通交流。没有学生不想听到掌声，也没有学生不想为自己的小组加分，只要我们耐心引导，相信孩子们一定会越来越棒的！（王清兰）

23 倾听是一种能力，更是一种修养。学生在课堂上能认真倾听——倾听老师的讲课，倾听学生的发言，才能积极有效地参与课堂。同样，老师也要倾听——倾听小组的讨论，倾听学生的点评，这样更能对症下药，提高课堂效率。有的学生总认为别人的发言与自己无关，慢慢地就与课堂脱离。老师要教给学生倾听的方法，听对方的回答是否全面完整，条理清晰；想对方回答的亮点是什么，漏洞又是什么。从对方的回答中取长补短，这样就越来越能够融入课堂。倾听是把金钥匙，它能为学生打开更广泛的交流空间，更能为我们的“I′ m in”参与课堂蓄积能量。（王清兰）

24 最近三天，我由于劳累过度，声音嘶哑甚至失声，迫于无奈只得连比带画写字，并请课代表代替我讲课。昨天，两位课代表正式讲课，两人声音洪亮、举止得当、配合流畅，对课堂的流程把控基本得当，只是到了更深入一点的问题时理解有些不全面，对同学们回答的点评不太到位。这让我轻松了不少，课后同学们反馈两位课代表表现不错。

这次突发情况让我更加切身意识到小组培训的重要性，平时多培训，多对学科尖子进行思维引导，不仅能更好地了解学情，提高这部分同学的能力，也能提升小组的讨论水平，以点带面提升班级整体的实力。（荣蓉）

25 望着窗外雪花飘飘，看着室内同学们玩雪还未尽兴的脸庞，我直接将课前五分钟的听写换成了写一段和雪相关的文字。同学们兴奋地议论了两句，就动笔开始书写。

很快同学们就写好了。一位男生朗读自己的文段：“下雪了，操场上像泼满了白漆。同学们在滚雪球，打雪仗，玩得不亦乐乎。”我问道：“在泼满了白漆的地上玩得不亦乐乎？”同学们哈哈大笑，顺势我讲起了“撒盐空中差可拟”“未若柳絮因风起”的典故及比喻的修辞应用。

一位女生分享自己的文段：“雪纷纷飘落，小草被厚雪压着，似乎不堪重负。雪像小精灵一样跳跃在同学们欢笑的脸庞边、挥动的小手旁。”我问道：“你到底是忧郁啊还是开心啊？我都迷惑了。”同学们又捧腹不已。借着这样的例子我又强调了作文应中心明确的要求。分享精彩连连，同学们欲罢不能。顺其自然，我讲起了期中考试作文中假大空、编造事件、无病呻吟的问题，最后以“留意生活，生活处处有精彩”为结语完成了一节突发奇想的作文课。（荣蓉）

26 对于中学生来说，阅读是语文学习中基础的基础、关键的关键。他们的知识面可以通过阅读来拓宽，他们的思维可以通过阅读来训练，他们的语感可以通过阅读来培养。但“冰冻三尺非一日之寒”，只有一定量的积累才有质的飞跃，唯有博览群书才能在潜移默化中受益。作为在校学生，“快乐阅读”就是最好的阅读途径。文学名著的阅读对青少年心灵、人格的培育有特殊的功效，因为它所反映的社会现实丰富而深刻，对于本身缺乏生活经验的学生来说是一种特殊的营养。因此，我们要加强引导、激励学生进行名著阅读。（程荷花）

27 情景体验式教学是一种行之有效的教学方法。在这种教学过程中，教师有目的地创设具有一定情绪色彩的生动具体的场景，以引起学生一定的情感态度体验，从而帮助学生理解内容，并使学生的形象思维得到发展。今天备课组听课时又有了新的体会：教学生朗读不可以停留在形式上的轻重缓急，抑扬顿挫，要升级，最有利于学生理解内容的方式就是引领学生走进情境，设身处地地体会当时的情感与心态，如此，朗读自然就入情入境了。（贾宝平）

28 教学也要有哲学思维，要有宏观整体意识，分清主次，集中主要力量解决主要矛盾。绝不可眉毛胡子一把抓，抓不住，反而遍地漏洞。要有文体意识，抓住文体特征教学，还要就文章本身抓特色内容——本文有的，其他文章也有的，大可舍去；本文特有的，就是特色内容，略过了，再遇到就不容易了，要讲，要讲透。如此，课标内容更容易强化掌握，而教与学的过程却会更简单而有效。（贾宝平）

29 语文教学追求提升学生的两种素养：人文素养和语文素养。人文素养倾向思想性，语文素养倾向工具性。具备提升两种素养功用的经典文章不少，《生于忧患，死于安乐》便是其中之一。这篇议论性文言文，可以帮助学生积累文言常用字词句，可以帮助学生掌握议论文文体知识，提升议论文阅读能力，还可以促进学生积极思考挫折的意义，鼓励学生勇于直面困境，让学生在人生道路上越挫越勇，扬帆远航。（贾宝平）

30 学习语文就像煲汤，大火不可，着急不得，需小火慢炖才好。学习语文靠积累，靠诵读背诵。该背的就得背，不背经典，所学为何？学语文是要下点功夫的，要记点东西，背点东西，特别是诗歌、好的文章等，更应该从小就背起来，因为节奏感就在里面，语感就在里面，文学素养就在里面。写文章好的人，懂得什么样的语言读起来舒服，怎样写可以把其中的音乐感、节奏感把控好，同时，道理也能够讲清楚。平时大量的阅读、大量的记忆非常重要，当你写文章用词的时候，这些东西自己就会跳出来了，苏东坡讲“腹有诗书气自华”，就是这个道理。好老师引导学生喜欢语文，这才是最重要的。“知识点”学习是语文学习中一个很大的问题，许多强加进来的一定要考的知识点，对语文来说用处不是特别大。不是说不注重考试成绩，但千万不要因为在这些“标准答案”上浪费过多时间，而错过了阅读中国传统文化中一些好的篇章、好的词语、好的节奏的机会。（贾宝平）

31 《论语·述而》中有“不愤不启，不悱不发，举一隅不以三隅反，则不复也”一句。这句话道出了孔子的启发式教学方法：把握启发的时机，解开疑难问题，也引出后来的“举一反三”的意思。关键之处是不到学生想弄明白而还没有弄明白时，不去启发他，要在学生积极与独立思考的基础上，再对他们进行启发、开导，这是符合教学基本规律的。对于我们的教育实际来说，重难点就是引导学生思考，自主学习时的思考，合作探究时的思考，以及引导学生进行思考的效度，切不可流于形式。目标简单明确，实践却任重道远，需要不断探索、反思、积累。（贾宝平）

32 莫言有语：“看别人的世界，品自己的人生。”语文课程就是看别人的世界，借鉴古今中外经验教训，进而品悟人生、提升自己。我们应指导学生凭借课程掌握知识，提升语文素养；也应引领学生依托课程，探索思考课程背后的人类精神思想与实践创造的精华，化他人的经验为自己前进的动力。我们应放开眼界，让语文课程致力于提升人的素养。（贾宝平）

33 本周轮到了我班值周。由于值周同学拥有可以检查学校卫生、外卖、跑操等权力，所有学生都很希望自己是检查人员。这周由于各种原因，没有怎么跑操。当我通知学生不跑操时，学生们普通感到很失望，问其原因，他们说，好不容易轮到一次值周，这一周都还没怎么跑操，就不能检查跑操了。可见，人人都想拥有“小权力”。在班级管理中，应该把班级事务及权力合理划分，并移交给学生，这样才能充分调动学生参与班级管理的积极性，同时还要对拥有“权力”的学生进行监督，如此，班级管理才能有条不紊。（郭艳婷）

34 荣蓉老师和学生沟通时说到，世界上有三种人，第一种是醒着的人，第二种是睡着的人，第三种是装睡的人，而装睡的人是最难叫醒的。本学期开始的时候，我检查完学生的成长日志和部分假期作业，对学生说明知可为而不为、当做而不做是一种不好的表现。我觉得这里面涉及态度问题。态度并不能决定一切，但是态度真的很重要。在“采薇”展示中，有的学生会查找很多资料来进行佐证，而一些学生只是查查字典照本宣科。寒假布置的背诵任务，有的学生可以全部顺利背完，而个别学生并没有进行背诵。（程相光）

35 课堂上的讨论是必不可少的，讨论内容一般是学生学习中的重难点，这种问题才有讨论价值。既然是探究，那么问题的设置应该是具体明晰的，不能含混不清。既然是“相互表明见解或论证”，那么讨论主体应该是多方的，我觉得这种讨论可以是生生间的，当然也可以是师生间的。生生间的讨论可以激发学生智慧，师生间的讨论可以极大增加学生信心，这也是新课标倡导的师生平等关系的体现。既然是“表明见解或论证”，那么讨论双方应该彼此尊重，讨论时按一定顺序进行，每一方都有表达的权利和机会。在小组中，要充分发挥小组长的作用，组长要安排发言的顺序，维持讨论的纪律，同时，教师可以从旁点拨。（程相光）

36 自身能量大，就能吸引能量小的围着自己转，所以在课改中要增大学科组长的能量。在教学中，我发现有魅力的小组长所领导的小组在学习上往往充满了活力，各项学习任务都完成得非常好。而被领导的组员都围着中心，不然自己就会是天边的流星。组长和组员很好地认清各自身份，都积极努力为本组荣誉而战。相反，有些组在学习上的各项任务完成得不是很好。这需要我思考更多方法来培训组长及组员，让所有组都是团结向上、积极进取的组。这样一来，就能更好地进行参与式课堂教学。（荆飞飞）

37 课改刚开始那年，我有幸成了赴昌乐学习团队中的一员。那次的昌乐之行让我眼界大开，原来课堂还可以这样生动有趣，原来学生在课堂上还可以这样活泼自如，原来学生还有这样与师相近的本领。我的思想被强烈地冲击着。昌乐之行让我认识到了课改的必要性，之后，我们开始学习昌乐课堂，慢慢地，我们拥有了自己的“I′ m in”参与课堂，它让我明白课改不仅仅是改变课堂的组织形式，更重要的是课改中隐含的新的教育理念。在活跃课堂气氛、小组激烈讨论的同时，不一味地依赖模式，注重形式多样，活学巧用，关注课改理念的渗透。在课改不断前进的日子里，我的课堂教学发生了翻天覆地的变化，感谢课改带给我的成长！（荆飞飞）

38 开学已近两个月，很多学生新学期的激情与斗志渐渐消退，随之而来的是“中二少年”青春期的躁动，在老师面前开始表现得叛逆，最近变得越来越明显。我想，行走在教育上，我们会遇到很多的人、很多的事，有的可能会很糟心，可是你也可能会遇到亲切、美好、感动、温暖、奇迹、快乐、震撼和无与伦比。比如读书，比如上了一节满意的课，比如遇到懂事的孩子……但愿我们都能够被时光温柔以待。（王培）

39 每次批改学生的读书笔记时，我都会在字体不好的同学的本子上用商量的语气和他们沟通。第一次，他们不太在意，在连着做了几次后，我惊喜地发现他们的字体有了进步，至少能看清他们写了什么。今天再批改时，学生竟会在我的批语下面写上“下次一定好好写”，写完了本周要求的读书笔记后，竟然还问我：“这次可以吧？”瞬间我被孩子们的行为萌到了。我坚持着做，孩子们总会有那么一点点小触动，最后我相信会有一个质的飞跃。我们没有必要因为自己是老师而和孩子们保持距离，用孩子们的语言和他们交流，这比我们给他们讲多少大道理都管用。（魏国旭）

40 我们要放手，让孩子在课堂上表达自己的见解，也许会有意想不到的收获。而我们的课改正在做这样一件事。今天看学生写的课改感受时，有一个学生认为课改无用，虽没有署名，但看字迹能看出这个孩子平时学习成绩还可以，总想着如何才能考好成绩，可又离不开教辅，没有自己的思考。与之相对的是另一位学生，在课堂上积极开动脑筋，大胆说出自己的见解，他没有刻意地去问该如何写某一道题的格式，但平时有这样的锻炼，他在写卷子时能够有的放矢，成绩不断进步。课改好不好，真正参与才有发言权。（魏国旭）

41 学生的成绩单就像是一面镜子，它能照射出许多问题，例如学生的课堂表现，平日作业情况，备考复习状态，教师的教学工作及日常管理等。与学是相辅相成、密不可分的一个整体。我们常对学生说：“付出与收获是成正比的，有付出不一定有很大的收获，但不付出就一定没有收获。”其实，这句话对教师也是十分受用的。我们的努力与主动会传递给身边的学生，同样，我们的倦怠与松懈也会影响到身边的学生。学校提倡“严”文化，这不仅表现在对学生一言一行的严格管理上，更表现在教师自身教学的严格要求上。我们站在一定的高度，常常能先发现学生的种种劣迹，或指正或批评，其实，我们自己又何尝是完美的呢？只有先要求自己、完善自己，才能影响学生，成为学生崇拜效仿的榜样，“与其说教十句，不如动身做一次”！（杨珂）

42 新模式下的课堂需要展示，更需要倾听。上课时，我发现很多学生有加分的要求，有展示自己的欲望，却往往对别人说些什么不大关心。这样的学生在自己没得到展示机会的时候，坐在那里无所事事，或者只关心下一个问题他自己要说什么。我觉得这样的学生需要我们好好引导，在保护他们参与的积极性的同时，让他们意识到倾听也是一种能力。认真倾听，点评时准确地表达自己的意见，用得体的语言与别的同学进行交流，这也体现了学生的语文素养。往大了说，也是与人交往的基本能力；往小了说，能集中精神听同学说，听老师总结提升，对自己的学习有很大的帮助。所以，希望我们的老师能在调动学生展示的积极性的同时，也要关注学生倾听的习惯。（朱虹）

43 今天读到一篇文章——《教师，请让教育慢下来，让孩子静静绽放》。细细品味，课堂上放慢脚步，让学生参与进来，让他们讨论、展示、点评，看似少讲了，但学生在课堂上得到了尊重！就这样，我们一边想，一边做，带着一种很平和、很珍惜、很尊重的态度去做。学生有一个很好的土壤，有一种很好的空气，又有平台，那么他在这种被尊重、被欣赏、被扶持、被保护、被珍惜的状态下，就会把自己最好的那一面，很自然地绽放出来。（崔越）

44 很多家长常常抱怨，孩子对爸妈漠不关心，缺少责任感。其实，孩子的责任感是需要从小培养的。如果你总在孩子面前表现出一副风雨无惧的样子，孩子就会认为父母是不需要他们关心照顾的。因此，父母们不妨偶尔扮一次弱，向孩子求助，你会惊奇地发现孩子竟因此变成了懂事的“小大人”，而你也可以从孩子的帮助中获得很多东西。（刘秀辉）

45 在数学教学中，无论何时遇到复杂的问题，都要把它分解成一个个简单的、明了的问题。很多时候，数学结果往往也是要不断地进行恒等变形，将结果保留到最简形式，给人以简单、明快、美观之感。其实，“大道至简”对数学的教学也有效。我们有的时候会挖空心思在课堂引入、课堂流程甚至教学设计上寻找独特方法，殊不知最质朴的语言可能更易接受，最简单的引入更能引起深思，最简单的流程可能更能处理问题。一句话，符合学生认知的、符合知识建构的才是最好的。（许豪杰）

46 这一周，八年级的青春仪式和趣味运动会举办的效果特别好，也让我们从中看到并思考课堂之外的一些东西。固定不变的形式只能让一部分孩子因为惯性而接受，但不会随着时间的延续让更多的人喜欢。这两项活动正是因不循规蹈矩、别出心裁才大获成功；承认学生的差异是开展教学的前提，一个学生的理解力、记忆力甚至兴趣，更多的是先天性因素在发挥着作用；找到自己的优势很重要，是学生获得自信的重要法宝，这也提醒我们需要开展更多的课程供学生自由选择。没有优势、没有天赋的孩子只能拼命向前跑。（许豪杰）

47 几乎每个周末，在学生回家的路上，都会听到孩子们说，“放假还不如不放”。我想这里面的原因我们都懂，就是作业多，负担重——这其实是新课程改革的最大阻力，也是困扰我国基础教育几十年的难题。学习的根本任务是什么？是让学生的思维得到发展，可是学生最终还是会回到那个知识的容器，没有自主的环境，没有独立思考的时空，思维的提升谈何而来？我想还是追求更好的卓越课堂，真正做到深入浅出，提升课堂的效率，而不只是拼时间，拼题量。（许豪杰）

48 我们经常告诉学生要重视课本，其实更重要的是老师首先要读懂教材。现行教材具有很强的导向性、示范性。教学时，教师要依据教材和课程标准制定教学目标。除了一般基础知识目标，还要注意准确把握数学思考目标。在中学数学知识体系中，蕴含着大量的数学思想方法，如集合、归纳、猜想、建模、数形结合、化归等。这些内容教材并没有写出来，需要教师认真研读。只有教师准确把握各种数学思想的精神实质，弄清教材中应渗透的数学思想方法，才能在教学时自由地、有意识地使之渗透其中。（赵利娜）

49 我班有一个女孩，文化课成绩稳居班级第一，但是体育比较差，本学期第一次体育测试考了46分，800米只得了10分，我十分着急，也曾多次激励这个孩子，但效果并不明显！本学期我决定再次找她谈话，找到其中缘由！她这次终于说出了自己的心里话：老师，每一次我跑步的时候，看到别人一个个超过我，我就不想跑了，再也坚持不下去了，于是放弃了一次又一次！我听后立即对其进行心理疏导：孩子，你知道为什么你的体育成绩一直没有提高吗？不是你不如别人，而是完全输给了自己，你接受不了自己目前的体育成绩，但又无法正视一点点进步的过程，就这样一直在矛盾挣扎中错过了一个又一个通过不断积累小进步从而超越别人的机会。孩子，没有一蹴而就的事情，只有脚踏实地、点点滴滴的积累方可实现自我目标。接下来的一周之内，你不需要和别人比，只需要和自己比；一周之后可以和一部分同学比，再一周之后，你会发现你已经超越了一批人，渐渐地，不知不觉中，自己已和目标越来越近！果不其然，这个方法很奏效：第二次测试成绩达到58分。她每一次的进步，我都会及时激励她，下次我给她定的目标是62分，结果期待中！通过这件事情我不禁反思：孩子们的基础再差，也有无尽的潜力，关键是我们要帮他找到能激发并树立自我信心的方法，信心和决心有了，孩子们自己会坚持做好自己想做好的任何事情！（赵盼盼）

50 假期作业要适量、有针对性，不要眉毛胡子一把抓，学生掌握不够好的内容、为下学期做铺垫的内容是寒假作业的重点，其他的内容可以少些或忽略。作业要留得更像“自助餐”，既要照顾成绩差的学生，使他们“吃得消”，又要照顾优等生，使他们“吃得饱”。比如，有的学生思维敏捷，则合适留拓展性、延伸性的作业；有的学生数学计算能力稍弱，就要加强计算能力训练。最后，要留一部分使学生感兴趣的作业，比如手工制作、调查报告、社会实践作业等。（侯永静）

51 今天学生问我如何能够在月考中考好，我想应该需要以下几点：平时学习多思考，多总结，对自己不会的内容上课认真听，主要是理解老师或其他同学为什么这么做，找到做题方法；平时做一个有心人，将自己的错题整理分类（主要是本题型的方法和用到了哪些知识点）并有针对性地去练习；考试时注意力集中，读题时最好用笔点读，将关键词画出来；检查不是看着卷子上自己的答案，而应该在练习本上重新做一遍；做卷子时先做简单的，遇到不会的先空过去，等到把会做的做完后再去思考不会的题目。（侯永静）

52 期末考试的脚步越来越近了，各科都进入了复习状态。但是，我发现学生的状态并不是最佳的，上课有走神的、犯困的，甚至还有与课堂不和谐的声音。我们怎样才能调动孩子们的积极性呢？如何让我们的课堂更高效呢？我准备采取如下措施，希望有效：项目课程展示时间变为学生展示本组的知识结构图，然后评出优秀小组贴在教室；学困生每人一个师傅，限定一天必须问一道题目，并向自己的师傅讲解一道稍难一些的题目，对问题数目或讲题数目最多的学生进行鼓励并在家长群中表扬；上课时对给点评或展示同学提出问题最多的学生进行表扬。（陈燕）

53 课下一学生问我题，我给他讲了一遍，问他听懂没，他说听懂了，我就出了一道同一类型的题让他做，结果做到一半他就卡住了。有时候学生感觉听懂了，其实只是听懂了一个个小环节，却对如何构建整个环节没有方向。作为老师应该多问学生是怎么想的，而不是问是怎么做的。面对问题时应该让有一定思路但卡在某个环节的学生说说已经有的思路，再说说困惑在哪里。关注学生的困难点并解决它才是老师应该关注的，这样才有利于让学生真懂。在分析难题时也应该展示自己的思考是如何碰壁、如何调整方向的，只有像学生做题一样的情境展示才是真实有效的，而不是直击正确做法。（王培云）

54 教育的职能首先是培养学生如何做人，然后才是传授知识。这一点，可以说是贯穿了中国文化两千多年的教育思想。韩愈的《师说》就明确提出：师者，传道授业解惑也。传道是第一位的，缺乏良好品行的人，往往给自身和社会造成不良影响，甚至悲剧。教育的目的首先是教会学生怎样做人，其次才是追求高深的学问。正如有人所说：当一个学生毕业离开学校时，如果把学到的知识都忘光了，他所剩下的才是学校教师在他身上进行教学的真正成果。因此，在教育的过程中，我们必须提倡育人！（陈慧慧）

55 学习应始于独学，终于独学；学习也需通过合作来实现共赢。有效的学习既要包含学生的独立学习，也要强调学生的合作学习，深入有效的合作探究应建立在独立思考的基础之上。因此，在小组展开合作探究之前，教师不妨先给学生留下一两分钟的独立思考时间，然后再进行合作探究。这样，学生们的思路定会更开阔，学习定会更有成效！（陈慧慧）

56 古人云“熟读唐诗三百首，不会作诗也会吟”，这体现了语言材料输入的重要性。中国学生的英语语言输出或千篇一律，或语病百出，最主要的原因之一就是缺乏语言材料的积累。常人学习母语，都从口语开始，而后学习书面语言。而在缺乏纯英文语言环境的情况下，要想学好英语，“积累”便是首要的任务，课堂上练习过的句型、学到的词汇都是积累的材料，而积累最有效的手段便是不断重复直到熟读背诵。因此，在英语的学习中，多读多背是必不可少的，教师们应大力提倡。（陈慧慧）

57 近日品读朱熹的小诗：“半亩方塘一鉴开，天光云影共徘徊。问渠哪得清如许，为有源头活水来。”其实在教学中何尝不是如此呢？知识要串成链，讲清楚来龙去脉，学生自然就掌握得牢固些，大脑中的记忆也长久。如果不找规律及知识之间的联系，一味给学生灌输，便成了“无源之水，无本之木”，学生即便短期记住了，印象也不久远，时间一长便出现记忆混乱、颠三倒四的现象。我们在教学生自己整理思路时一定告诉其方法，让学生掌握并形成能力，要知其然更要知其所以然，这样学生会受益一生的。（白国珍）

58 影响孩子身心健康的重要因素之一就是人格。一个孩子想要获得成就，首先要有健康的身心，才能有健康的人格，继而才能发展成为高素质人才。不少家长就是过于看中孩子成绩而忽略了对孩子优秀人格的培养。但是，在这个飞速发展的社会，我们不难发现，人格缺陷会导致人难以融入社会，也会限制人的全面发展。所以家庭教育中，家长不仅要有对孩子学习上的教育，更要有为人处事方面的教育。孩子终究是要走向社会的，我们做家长的要赋予孩子责任感和立足社会的基本常识，才能让孩子更好地融入和适应群体。新东方教育过700多万学生，俞敏洪清楚地看到家庭教育在孩子成长中的重要性，也非常认同人格决定一个人的高度这样的说法。一个人能够走多远，看的是他的能力；而一个人能够站多高，拼的是他的魅力。好的家庭一定会注重孩子优秀人格的培养！（商海晶）

59 我们都知道，养成一个好习惯需要21天，养成一个坏习惯只需要3天。我经常看到朋友圈里有人在晒和孩子一起读书、锻炼，一般都要坚持21天，这是一个养成好习惯的方式，值得提倡借鉴。但同时我们也要看到另一面，一个坏习惯的养成仅需要3天。就是说我们辛苦坚持21天养成的读书习惯，如果第22、23、24天没有继续坚持，那么也就前功尽弃了。坚持好习惯往往带来自由受限、消耗体能、花费脑力等“不舒服”的感觉，而坏习惯则往往带来身心愉悦的“舒服”感觉。在教育孩子特别是纠正孩子坏习惯时，我们要有充足的耐心和毅力，学习科学的育儿方法，培养孩子的好习惯。播种一种思想，收获一种行为；播种一种行为，收获一种习惯；播种一种习惯，收获一种性格；播种一种性格，收获一种命运。孩子是我们的未来，我们要用心教育，用心呵护，让习惯成自然、美好成必然。（商海晶）

60 在教学管理中，如果只有批评，学生将会失去信心并反感甚至逆反；如果只有鼓励，学生将会妄自尊大，进而忘掉落后就会被淘汰。是故，批评与鼓励应该并行，赏罚分明，才能永葆动力。（原五庆）

61 课堂上老师对学生的评价不是为了甄别、排队、控制和打压，而是为了改进、完善、激励和提升。（魏军）

62 教师要热情关怀，严格要求，对待学困生要有耐心和爱心，消除学生学习上的心理阴影，使他们自尊、自信，让潜藏在内心的热情激发出来，学习兴趣才会产生。（刘峰）

63 前两天，我看了一个关于语言伤害有多大的视频，心中感触很多。很多最终走向绝路的孩子都是因为受到精神的伤害，有来自老师的，有来自家长的，其中对孩子伤害最大的几句话分别是“废物”“光知道吃”和“你怎么不去死”等。虽然教育孩子是为了他们的成长，但是这样的语言并不能起到教育的作用，这样的语言只是在传递一个信息，就是否定，对孩子行为的否定就是对这个人的否定，所以要想起到教育的目的，首先要以爱为前提，只有以爱为前提，学生才能将我们的劝导听到心里去。（张晓彤）

64 教育学生是个过程，不管教师自觉不自觉，都在对学生起作用，产生影响。不是正面作用，就是负面作用，对学生的影响不可能是“零”。教师的一言一行影响学生成长、成人、成才，言教重要，身教更重要。所以，我认为教师在德、才、识、能诸多方面均须自觉锤炼，不断提高，不断完善。（郭利敏）

65 课改需要创新，但更需要坚持！当我们有了自己的核心理念、有了自己的模式后，需要的就是在微创新中的坚持。比如，“每日悟语”是我们不断反思课改进程的展示平台，对于我们大家促进思考、方便交流起到了很好的作用。我们就需要坚持！再比如我们的项目课程，现在每个组都体会到了项目课程给课堂带来的变化，难道我们不应坚持吗？而要想坚持就必须不断培训，不断找出解决新问题的办法，不断督促检查落实！（吕庆生）

66 责任心和能力，谁更重要？有责任心的人，因为想着怎么把事情做好，所以总是想尽各种办法去做事，总能成事，外人看好像能力强一点；能力强的人如果没有责任心，很多时候总是被动做事，好像事情与他无关，有时事情做得反而不太如意，甚至有时起到反作用。可以看出，面对工作，责任心更重要！（吕庆生）

67 有的人老是能给自己找到理由。在过去有一种说法，学生到了八年级问题最多，可现在是我们的八年级最好，所以“魔咒”也能打破！工作要有理念，有方法，有落实！工作就是发现问题，分析问题，解决问题！每一个环节都需要做实！比如，不是没有问题，可有的人就是发现不了问题，也就谈不上分析问题、解决问题了！再比如有的人有理念，有方法，就是没有落实，是不是等于零呢！应该说还有一种人有理念，有方法，有落实，也有问题意识，但就是不敢做事，既不敢表扬更不敢批评。总之，工作做不好总有理由。（吕庆生）

68 课堂革命，就是要革去一言堂、满堂灌的命，就是要砸烂旧模式，就是要用以生为主的课堂取代旧的以教为主的课堂，就是要用新模式取代旧模式。课堂革命，就是要让自主合作探究的新理念通过课堂讨论、展示、点评、质疑的方式真正落实！课堂革命，就是让学生更多地参与课堂，须知:理念的贯彻需要学生参与，模式的采用为学生提供了参与的机会！（吕庆生）

69 我们要求每位老师上课时把项目课程名称写在后面黑板上，字体要小一点；我们要求各班后面黑板上不要写常规的内容，因为学生展示的地方本来就少。可为什么依然有一些任课教师做不到呢？是他们不愿按要求做吗？其实不尽然，很可能是有些老师在开会的时候根本就没有认真听，他根本就不知道有这样的要求！其实，我们上课也一样，学生一节课能专心致志听十五分钟就不错了，你却唯恐学生听不懂，在那里一直讲。你一直讲，不仅占用了学生的时间，更减少了让学生自主学习的机会！而自主学习比老师讲授效果要好（当然不绝对），所以烦请老师们上课一定控制讲授时间，用新模式、新理念上课！（吕庆生）

70 铁的纪律是成功的保障。这句话用在我们班级管理上同样适用。对比一下我们的班级不难发现，班级纪律如何就是班级成绩排名的顺序（当然影响成绩的不仅是纪律）。为什么呢？比如早读，时间很短，由于班级管理非常严格，学生脑子不敢开小差，读书很专心，一个早读可以记不少的知识，可是，如果纪律不是那么严，自觉的学生还能记忆一些，不自觉的早就不知神游到什么地方了；铁的纪律不仅体现在对每一个学生的约束上，更体现在对班集体的管控上（当然也呈现在班风上），一个有铁一般纪律的班级不仅让别人看到有规矩，更在于为班级成员形成了良好的纪律氛围，让每一个成员有不得不专心学习的环境。怎么来实现铁的纪律呢？可以通过主题班会，铁的纪律的故事，学生现身说法，学生自己制定班规班纪，班主任的表率作用，严格的落实督导体制，等等途径。不仅仅是成绩，一切的管理都需要纪律做保证！（吕庆生）

71 一个大花园里有各种各样的鲜花，孩子不一定是最大最艳的那朵，也许是朵小清新，他有他的价值，也必然有人会发现他的价值。最不济，父母、老师还爱呢；再不济，还有他喜欢做的事。

每个孩子都可以学得很好，但不会是在同一天，也不会是用同一种方法，每个孩子都是独立的个体，他们都有自己独特的天赋、技巧、特点和梦想。帮助每一个孩子去实现属于他们自己的梦想，他们可能会忘记你讲过的话，但他们永远不会忘记，你曾带给他们的感受。让一颗幼小的心灵健康成长，需要你花很多很多的心思，但是伤害一颗幼小的心灵却只需要一个漫不经心的眼神、一句口无遮拦的玩笑，甚至一个不经意间的动作。跟学生谈话时，先体会他的感受，从他的感受开始讲，他会感觉到你懂他，他才会敞开心扉接受你的引导、影响。即使他错了，你若一开始就批评，他的心门是关闭的、防御的，效果可想而知。（冯艳景）

72 经过这段时间担任班主任工作，我发现成绩不好的学生和成绩好的学生学习习惯有很多的不同点。教育不光是传授科学文化知识，更应当让学生领悟做人的道理。“传道、授业、解惑”是我们作为教师终身的职责所在。我们应当在日常教学工作中，对学生进行细致入微的观察和了解，正确引导学生的思想，使其养成良好的习惯，并能随时检验自己认识上的错误。（孙志丹）

73 瑞雪兆丰年！2018年第一场雪！我心里犹豫，是利用大课间带孩子们出去打雪仗呢，还是让他们在教室背书？打雪仗也许会有学生磕着、碰着，受伤，我要担负责任！但是，最终我选择了前者，我希望在他们这样的年龄可以拥抱自然，可以在玩闹中增进友谊，可以拥有美好的回忆，可以拉近我与他们之间的距离！（赵胜男）

74 最近一些学生过生日时，我都提前准备一些适合他们看的名著，并写上一些激励祝福的语言作为生日礼物在当天送给孩子们，这让孩子们发生了很大的变化，原来的捣乱分子变得安静了许多，也不故意违反纪律了，一些难管的孩子也开始融入集体……

在班级管理方面，我们都过多地强调纪律，对学生进行了各方面的约束，这必然会或多或少使他们产生一些敌对情绪。缓和矛盾、解决方法是多种多样的，对孩子真正地关心，使他们发自内心地改变才是最有效的教育。

（鲍战猛）

学生成长：遵循发展规律

1 这学期一开始，发现有几个假期学过一部分新课的学生状态不是很好。课上对老师的苦口婆心不屑一顾，貌似什么都会的样子，可一做题就漏洞百出。这种现象让人担忧！当初一学就会或不学就会的人，最后往往难担大任。那是因为他本来就聪明，所以他觉得在哪里都会进步，他的进步是他自己的本事，与你无关，更不会对你有感恩之心；而那些天赋稍差的人，认为是你一直包容他、培养他，所以最后不但能力慢慢上来了，态度也非常端正。那些天赋稍差的学生，只要你对他多一点耐心，懂得包容，最终都能成为集体里的顶梁柱。世界有时就这么奇怪，优势往往会成为一个人的劣势，而劣势往往成为一个人的优势。所以，培养人，最重要的是耐心；自我成长，最重要的是谦虚和感恩！（刘仟）

2 今天拿到学生的月考卷子，翻看了两个班学生的作文，感触颇多。尽管考试前我已经再三强调了要写正能量的文字，可还是多多少少看到了让人压抑的文字；篇幅冗长且内容空洞，为表达一个简单的意思而矫情敷衍，文字确实是优美的，但文章主旨寡淡无味；或者干脆是满纸苍凉孤独颓废，一副受到了莫大灾难与折磨的样子。写作训练，当务之急是把学生的眼光引向充满朝气、蓬勃昂扬的真实生活，我们有责任告诉学生：目中有人，心中有爱，肩上有担，才是当今中学生应有的生活境界。写什么永远比怎么写更重要。（刘仟）

3 俗话说“万事开头难”，新的班集体总是有新的情况出现。七年级的新生有很多事情需要手把手地去教，去示范。好的行为习惯的养成不是一朝一夕之事，要给孩子们时间，就像花儿的绽放需要前期的不断耕耘。分层教学，设定符合学生的短期目标和中长期目标，纵使蝴蝶飞不过沧海，谁又忍心去责怪？鼓励，肯定学生的每一次进步，用宽容的心去教育，也许你会发现不一样的精彩。（肖冬）

4 藤野先生因教了鲁迅这个学生而在中国被大部分人熟知，他对工作负责，对学生关心，深深地被鲁迅先生敬重。可是，用现在的标准看，藤野先生算是个好老师吗？一个医学老师，教着，教着……忽然有一天，自己一直很喜欢的学生居然对医学不感兴趣了……如果有一天，我的学生开始放弃语文了……我该如何自处？我想我会期待这一天的到来。年轻的鲁迅在藤野先生的引领下了解到了当时的国家局势，窥探到了民族劣根性，明白只有唤醒国人麻木的灵魂，才能拯救国家民族于危亡。可以说藤野先生在鲁迅成长为一个“大写的人”的道路上功不可没，他促进了鲁迅阅历的增长、心灵的饱满，使其成为一个完整的人，而不仅仅是一个只知道学习的学生，也为鲁迅先生成为“中华民族的脊梁”打下了基础。这样的藤野先生怎么会是失败的老师呢？！学习成绩只是一时的、阶段性的，是教育的一部分，真正的完整的教育是“人”的教育，这应该是我们每一个教育者毕生追求的目标。（云慧玉）

5 当老师最大的善，是让学生以各自的自我，学各自的习，发各自的声音，并帮助他们找到真正的自我，教给他们方法而非纯知识，视他们每个人为一朵奇幻的花。我们应秉承这样的教育理想：以学生的学习效果为目的，把学生视作有着鲜明个性、活跃思维的个体存在，这样的教育才是长远的教育，才是真正的教育。课程是跑道，但不能让学生“齐步跑”。“齐步跑”是把学生当作机器，学生不是机器！我们每一个教师都应俯下身子，倾听每一颗心灵发出的声音。（云慧玉）

6 在教学中育人，在意外中育人。在讲《论语》的时候，我让同学们从十则中选一则，联系实际生活谈谈对它的理解。正在分享的时候，有一名女生和同桌不知为什么吵了起来，发出很大的声音。我让她站起来，等别人回答完坐下，她突然举手说：“老师，我错了，我不该扰乱课堂，因为自己的私事耽误大家的学习，更不该不听课，惹老师生气，正如《论语》中说的‘己所不欲，勿施于人’，自己不喜欢的言行，不能施加给别人。”我说：“知错能改，并能主动思考回答问题，值得表扬。”这时下面传来一个声音“凭啥”，我借机把这名同学叫起来说：“不服气呀，那你来说。”这名女生平时不听课，不写作业，爱睡觉，回答问题更是从来没有过，不过接下来她就“见贤思齐焉”回答了问题，虽然答案不是很完美，但却认识到了自己刚才没有虚心学习他人的错误行为。虽然这堂课因为这个小插曲显得不那么和谐，但是我觉得这比一堂按部就班的课有意义得多，因为碰撞产生了智慧的火花，因为意外达到了更好的育人效果。（都金玲）

7 语文学习，是学生以原有的认知经验和人生体验为基础，对文本主动加工并重新建构的过程。古人有言：少年读书，如隙中窥月；中年读书，如庭中望月；老年读书，如台上玩月。正所谓“一轮皓月当空照，千江有水千江月”。这星期所教的《秋天的怀念》一文情感丰富厚重，深沉含蓄，需要在字里行间细细品味。而这种品味要建立在学生原有的认知经验和人生体验上，文中史铁生的母亲让我想起了一句话：女本柔弱，为母则刚。但恰恰就是孩子，是一个母亲最大的软肋。史铁生的母亲可以承受自己肝癌的病痛折磨，却不能接受自己儿子对生活的绝望。在生命的弥留之际还是千方百计地使儿子重新燃起对生活的热情。史铁生的母亲固然是世界上最伟大的母亲，但我们的母亲难道就不伟大吗？由此，让学生静心回味自己的生活体验，想一想本文引起了自己的哪些联想，哪些事情曾让自己感受到母亲的爱，让学生唤起自己对母爱和生命的感悟，因为只有当学生独特的心灵与情感世界被唤醒后，才能实现“理解作者情感”与“陶冶自身情感”的双重目标。（赵燕慧）

8 语文学习，不单单是学习语文知识，这门学科还承载了更多的育人功能。上周在讲评试卷的时候，我通过讲《口袋里的父爱》，给学生延伸了很多关于亲情、关于家人的体会，通过我的经历、我的感受去向学生传达至爱亲情对一个人的影响，孝有期，爱无限。当时我没有想那么多，只是想给学生传达一些如何爱人的体会和正能量。但是周六晚上，我收到了一个家长的一条信息，这个家长说，孩子在和他打完篮球以后，主动给他倒了一杯水，这是孩子第一次想到主动为家人做些事，家长觉得孩子长大了。在我们看来，可能这是一个很小很小的事，但是孩子的每一个细小的改变、微小的进步，家长都会视若珍宝。这件事让我学到很多：第一，牢记语文教学对于德育的重要性，身为班主任，班会课、德育微课堂只是德育的一种形式，身为语文老师，我的语文课堂是一个很好的方式，给学生传达爱和正能量。第二，老师有的时候也要向家长学习，善于发现学生的进步和改变，身为老师，夸学生是一门必修课，今后还要多观察、多思考。（王卓）

9 本周在班上和学生约定进行专注度训练，其中之一便是关于转笔、抠手和玩其他文具现象的整治。这似乎是一个小问题，但仔细观察会发现班里近乎三分之一甚至更多的学生在课堂上会习惯性地转笔、抠手或者手里玩着订书机、小纸条之类的，不仅会发出声音，而且无形中转移注意力，并且在需要标画批注的时候反应迟钝。所以，虽是小毛病，却是影响课堂注意力和效率的大问题。针对这样的情况，我和学生约定，手中执笔，只为书写，所以只能够固定姿势，不准转动；听讲时，抱臂或静态执笔姿势注视老师，要有眼神交流。实施之初，虽然还需要个别提醒，但绝大部分同学非常自觉地遵守了约定，课堂上的细碎杂声几乎消失殆尽，不仅老师在讲课的时候轻松了很多，更重要的是学生的专注度明显有所改善。我希望可以继续坚持下去，培养起学生良好的听讲习惯，慢慢习惯成自然，最后自然出成果！（潘雪静）

10 今天说说备教《散步》的感受。这篇文章的内容非常简单，讲的是一家人在初春的田野上一起散步的故事，作为散文并没有直接的情感抒发，对于学生来讲，对于文章的感悟大多停留在尊老爱幼上，并且站在文本之外，不能从文章中获取专属自己的感悟，只会机械地分析。语文课堂缺乏自我情感的融入和迁移，就缺少了温度！所以，如何让学生融入文本并且获取独特体验是我尝试的重点。通过对称句的回环，孩子们很容易地理解了生命的流转和责任的传承，主旨的认识上也由并列的“尊老爱幼”上升到了递进的“爱幼更尊老”。这似乎谈的是中年人的责任与使命，孩子们容易觉得和自己关系不大，但让学生再读文本再度思考之后，很多孩子发现了自己和文本的联系，谈到了自己背负着沉重责任的父母和日渐衰老无力的祖辈，谈到了对父母的理解和对祖辈的格外关爱，谈到了“子欲养而亲不在”……在大家畅谈之后，我给大家分享了《父母老了如是说》，再三克制依旧泪流满面地读完这篇短文。教室很安静，可以听到轻轻的抽泣声，对视到满含泪水的眼睛，也许此时的父母对于孩子们来讲如同大山和海洋，是依靠和港湾，但孩子们此刻也更清楚，曾经保护他们的父母也会像祖辈一样有衰老无力的一天，除了直面生命的流转，孩子们更意识到善待衰老的生命，即理解关爱长辈的必要性。语文的魅力就在于传授客观的知识和技巧的同时，还能感知到汉语言的美感，还能感受到语言背后蕴藏的情感的温度！我想，育人也就是如此吧。（潘雪静）

11 教育家苏霍姆林斯基曾经说过："凡是那些除了课本以外什么也不读的学生，他们在课堂上掌握的知识就非常肤浅。"他还说："让学生变聪明的方法不是补课，也不是增加作业量，而是阅读，再阅读。"这就强调了阅读的重要性。课程标准明确规定：初中阶段学生的课外阅读量不少于300万字。所以，我们有责任帮助学生利用有限的课余时间完成这个基础目标。阅读的作用不仅体现在狭义的成绩层面，更重要的是有助于孩子们树立正确的学习观念和习惯，塑造孩子的健全人格，提高理解力和创新力……读书很简单，读了就会有积累，佐以思考，便会有更多的创新成果涌现，唯一需要付出的便是那么一点点时间。少年强则国强，真心希望我们的少年能够腹中有诗书、脑中有光亮！路漫漫其修远兮，吾辈当上下而求索！（潘雪静）

12 回首走过的课改之路，我有过困惑，有过徘徊，但更多的是坚定和信心。课改给了我们这些年轻教师一个全新的成长空间，更让我懂得了为人师的真正含义，体会到了为人师的真正幸福。我要感谢课改，是它使我逐渐认识到自己再也不能满堂灌输，而应引导学生自主合作探究。感谢它使我逐渐学会了和同事分享课改的点点滴滴，并使自己取得更大的进步。遥望今后的课改之路，我心中充满了信心。让我们在课改之路上一起奏响动听的乐

章，一道描绘多彩的画卷！（王清兰）

13 讲课是一门艺术，对艺术的追求没有止境；比赛，就更需要有进取与拼搏精神，而赛课为我们青年教师提供了一个快速学习与成长的平台。“问渠那得清如许，为有源头活水来”。只有不断学习才能有扎实的基本功，才会临危不惧，更好地驾驭课堂。在赛前的磨课过程中，同组老师们给我提出宝贵的建议，使我感觉到每一次磨课都是一次成长，每一次磨课都是一次蜕变，我在一次次磨课中不断进步，不断成长。尤其是行老师对我进行全方位的指导，一字一句帮我分析，规范我的课堂语言，指导我课程环节之间的自然衔接，让我的这节课越来越成熟！感谢语文组这个大家庭，让我的赛课不只是一个人的赛课，而是在全组共同努力下的赛课！（王清兰）

14 随着新课改的大力推行和自身阅历的增长，我越来越强烈地意识到：教师，特别是语文教师，应当以渊博的知识培养人，以科学的方法引导人，以完善的人格唤醒人，以优雅的气质影响人。让学生学会感动，学出意义，学有思想，学得快乐。唯有如此，教育才可能真实地发生！那么身为语文教师，自身的素养就尤为重要。如何让自己更优秀？唯有读书。我十分欣赏黄庭坚的一句话：“一日不读书，则语言无味，面目可憎。”读书，会让教师呈现出不一样的课堂、不一样的教育。会让同样的工作，拥有不一样的心境。作为教师，我们只有热爱读书，才能一头抓着教学，一头抓着素养，如切如磋，如琢如磨，底气十足地站在讲台上，进入可持续发展的良性成长轨道。“路漫漫其修远兮，吾将上下而求索。”愿自己在慢慢前行的脚步中，以书为伴，快乐修行，最终成长为一名让自己满意、让学生喜欢的教师！（程荷花）

15 教好课的前提是备好课，备好课的关键有四：一是备好课标，这是总纲，是方向，需要明确各个细节，心中有丘壑，甚至能预测方向；二是备好教材，明确哪些是重点，哪些是难点，哪些是必考点，哪些不讲学生也明白，哪些讲了学生也可能不明白，理智地做好取舍，明确主次；三是备好学生，知道学生对什么最感兴趣，最想知道什么，知道学生最需要知道什么，知道学生的接受能力，知道不同学生的差异，因材施教；四是备好思路，思路清晰，自然得心应手，水到渠成，否则即便知识完备，所教所学也会乱作一团，不成体系。此四者缺一不可。（贾宝平）

16 教育需要创新，在教育的道路上应该拓展思路，需求最佳方法让学生在快乐中学习。学生在参与课堂的模式中，开阔视野，思维变得更加灵活，探究、质疑与展示让学生在欢乐之余，更好地吸收知识。在快乐中学习，一直是参与课堂努力的方向。而参与课堂为学生提供更有利的发展环境，让学生的思维得到充分的挖掘与发挥。参与模式是能够促进学生全面充分发展的方法和策略，使学生能大胆主动地向他人展现自己所学的、所理解的学习成果，因为课堂给予了每个学生最大限度的发展机会，使每个学生都能成为成功的、有效的学习者。（荆飞飞）

17 随着人们生活水平的不断提高和现代科技医疗水平的不断进步，人们的平均寿命得以延长。这就涉及一个现在比较热门的词语——终身学习。古人云：学无止境。俗语也有“活到老，学到老”的说法。这都给我们以启示，我们要做好长期学习的准备。正如盖房需要打好地基，学习也是脚踏实地、一步一步走过来的。“短期学习”就是“长期学习”的砖和瓦。因此，我们在做好终身学习准备的同时，要注意做好“短期学习”的规划。“短期学习”可以是一个月、一周、一天，甚至是一节课的学习，让自己在最短的学习时间中展现它最大的价值。举个例子，爱迪生在他80岁生日的时候说：“我已经工作了130年了。”乍听不可思议，实际上是因为爱迪生经常夜以继日地工作，它虽然没有延长自然生命的长度，但是拓宽了社会生命的宽度。他就是一个将“短期学习”实现得很彻底的伟大科学家。我们的中学生也应该做好“长期学习”和“短期学习”的合理规划。比如，拿中考备考来说，它是终身学习的一个阶段，可视为“短期学习”；可对初中生来说，“三年磨一剑，待到锋利出”，它是一个非常漫长的“长期学习”时期。我们的学生在立大志、做大事的同时，要在初中阶段做好充足的准备，潜龙在渊，一飞冲天。（李鸿雁）

18 语文教学的重要途径在于情感共鸣，激扬学生的学习兴趣。精心设计导语，为课堂创设浓郁的感情氛围，是引发情感的重要艺术手段。好的导语能够导引和控制学生课堂学习活动的顺向心理定式和和谐的课堂气氛，构成良好的教学准备状态，使学生迅速进入预定的教学轨道，可以说是教学成功的基石。语文教学中，有许多情景交融的佳作，它们或激昂，或深沉，或喜悦，或悲愤，在开讲时，先适当导控一下学生的情感，往往能收到事半功倍的效果。例如《破阵子》，在教学时我让学生先反复诵读体会词人的思想，在此基础上全班赛读，激发学生诵读的欲望，以带动学生对诗词的理解。最后教师进行范读，使学生情绪激昂，体验诗人博大的胸襟和伟大的英雄气概，学生留下了深刻的印象，甚至有的学生就因此喜欢上了语文。（李鸿雁）

19 看到刘宾主任在微信群里转发的王伟校长对学校的寄语文章——《精彩来自不厌其烦的练习》，读后感悟颇深。对于语文的学习，王校长提出了宝贵的经验：语文是一门工具学科，需要大量的积累，需要学生做一个有心人，唯一的好方法就是多读、多思、多写。看到这段文字，我就想到议论文的写作。周末给学生布置了一篇议论文，收上来之后，看到学生们写的论据基本上是千篇一律。而且大部分学生写的论据单一，只有事实论据，没有道理论据，这就说明我们的学生平时积累得少。我们这段时间一直在学习议论文，学生关于议论文的文章也作了不少，每一篇议论文中的事实论据和道理论据都是精心挑选的典型，学生如果能把这些事例和名言俗语积累起来，写作的时候可以先模仿，再创新，不仅提高自己的写作能力，还能提升自身的修养。就像王校长所说，一个文学素养极差的学生，在科学的道路上也不会走得太远。因此只有学好语文，才能拓展生命的宽度，提升生命的质量。（张慧敏）

20 我今天看了李希贵校长的一篇文章《教会孩子从“追求赢”到“学会输”，决定孩子一生的命运》，受益匪浅。我们总是赞扬孩子的成功，习惯为孩子的“赢”而鼓掌，这样就导致很多时候就算不是比赛，孩子们非要争个输赢，如果赢了，就满心欢喜。但是没有永远的赢家，在生活与学习中，孩子们会遇到各种的挑战或者困难，我们应该教会孩子“学会输”，让孩子接受挫折教育，我们必须要让孩子知道，失败了不要紧，我们要在一次次失败中寻找一线亮光。这样，孩子们才能走得更远。（张慧敏）

21 每个孩子都是鲜活的生命，他们有自己独特的个性，有自己独立的思想，作为教师，要发现孩子的闪光点，激励他们，并引导他们向真、向善、向美。学习语文，更重要的是让孩子学会欣赏，学会分享，学会交流，充实自己，养成积极向上的生活态度，发现身边的美和善，让自己受到良好的影响，从而慢慢成为那样的人，并传递美和善。（赵明怡）

22 “滴水之恩，涌泉相报”，“谁言寸草心，报得三春晖”，这些世代流传的名言名句，正是我们中华民族感恩美德的历史印证。借感恩节之际，我们开展了感恩故事分享活动，班里同学有讲父母的，有讲老师的，还有讲同学的，发自肺腑的言语没有华丽的辞藻，都是平时相处间的点滴，每一个故事都牵扯着我们每个人的情感，连平时感觉“马大哈”的一些同学也流露出少见的光芒。一直以为他们叛逆，他们毛躁，可这次让我真真切切地感受到每个人都有颗细腻的心。（王培）

23 生活中处处皆语文，举头所见，低头所闻，无不充满了语文的元素，随着自媒体时代的到来，语文教学又多了许多便利的途径，微课堂就是其中之一。我们可以把碎片化的语文知识进行细化整理、归纳融合，通过微课的形式传授给学生，使之更加明白晓畅。（王培）

24 第二季《中国诗词大会》总决赛刚落下帷幕，好多学生还沉浸在中华古诗词的冠军争夺赛中，沉浸在擂主们的精彩对决中，没准自己偶尔还对上几句古诗词。

中国传统文化越来越受到全社会的关注和重视，学习和传承中国传统文化，作为传道授业者，我们是最重要的文化桥梁。我们要告诉学生：临渊羡鱼，不如退而结网！我和学生们共同制订了一个中华古诗词学习计划，这学期能背多少首诗词，可以精确到每星期背几首或每天背上几分钟。（王培）

25 这两天和学生在一起吃中饭，学生纷纷提出自己学习中的困惑：“老师，我觉得我认真学习了，成绩不知道为啥总提不上去？”“老师，我老是控制不住自己，到家就想玩手机，不想学习。”“老师，你说我能考上高中吗？”“老师，我觉得我这几次考试成绩有进步了，我接下来该怎么做？”……学生的发问让我意识到两个问题：他们知道自己的问题在哪儿，想要解决但是仅凭自己还不够；我们只有真正坐在学生中间，倾听他们的交流和困惑才能真正帮助他们。这让我明确接下来的工作重点，不再是讲什么知识，而是指导方法，为他们鼓劲加油，增添信心。只要他们心理上不退却，有目标，就一定能发挥最好的水平。（魏国旭）

26 这几日，12班的同学们在课下主动找到我，表示自己想在语文课上给大家讲课，问我可不可以，我欣然表示同意，这是我三年来最希望的事情：展示不是老师布置的任务，而是自己发自内心的、想去做的一件事。没想到这个愿望在这时实现了。和孩子沟通时，他们表示，如果自己上去讲，记得会更牢固，而且为了能给同学们讲好，会做很多功课，在这过程中又学到了不少的知识，也锻炼了自己的能力，一举两得。孩子们的学习终于由被动开始变得主动了，把课堂还给他们，我只在一旁辅助。思想的转变，一定会带来好的结果。（魏国旭）

27 文学作品是诉诸视觉的，可以反复看、经常看，这无疑是一种优势。可是，看仍有一定的局限性。而朗读，不但要看，反复看，还要变为有声语言，在精益求精的诵读中，能对文学作品有更深的理解、更深的感受。在讲授第四单元的《我有一个梦想》和《最后一次演讲》时，依照演讲词的特点，我采取了多种形式的朗读，如范读、齐读、自由读等。相较于看，读更具有感染力，在整堂课中给我印象最深的是班里一位倒数几名的男生，略带羞涩地朗读了一段课文，可圈可点之处很多，全班同学的热情掌声令他自信地昂起了头，下课后他的那句“老师，我第一次觉得语文课挺有意思的，自己也不是一无是处的”，令我记忆犹新。我想，朗读的魅力，不仅仅是通过语言感染听众、传递情感，还能在一定程度上帮助人们建立自信心！（杨珂）

28 这一周我们讲第二单元人物传记，学习鲁迅自传时，我都会让学生去找寻鲁迅一生中三次重要的人生选择，提问时我发现很多学生一次也没有找对。我以为学生在这个问题上，表现出的就是对鲁迅的陌生。而上完这节课，我希望带给学生的不仅仅是在文中提取信息概括内容的方法，更希望让学生了解鲁迅的伟大，他始终是把个人价值与国家需要结合在一起，选择人生道路时心系祖国。其实，也只有这样，他个人的价值才更容易得以实现。初中阶段，是学生价值观、世界观形成的关键时期，很多高中学生到了高考结束选报大学时，还不清楚自己的喜好，没有人生的理想，报志愿时就任由家长安排，或者只问哪种职业好就业、挣钱多。这样的情况屡屡让人觉得可悲。我们这一册书的名著阅读，让学生读《名人传》，就是我们教育学生的契机。（朱虹）

29 本学期名著阅读的篇目为《朝花夕拾》《骆驼祥子》，我在假期就开始让学生阅读，并且要求学生写阅读记录、读书笔记，年级也开展了相关的手抄报比赛。可是，考试中发现，还有很多学生对名著中的人物情节记不住，对作品的主题更是缺乏深入的理解。在这样的情形下，我决定和学生一起重读。我以问题带动学生的阅读兴趣，让学生带着问题到书中发现答案，有条件的也可以上网搜寻答案。第二天上课前，大家一起交流。学生对这样的重读兴趣很大。我和学生们都真切地意识到，所谓的经典，正是常读常新的。在这样的交流中，学生也感受到了教师的引领与同伴的陪伴。如果说阅读一本经典，对于程度不好的学生来说，就像是攀登山峰，那么有人陪伴，适时地拉上一把，指点一下风景，他们便更容易得到挑战的勇气和乐趣。（朱虹）

30 任何人如果不能教育自己，也就不能教育别人，我们做教师的应当让自己的一举一动都能对自身起到教育的作用，并且永远应当知道当时自己所希望的是什么、不希望的是什么。如果一个教师不了解这一点，那他还能教育谁呢？（刘秀辉）

31 课堂上问题的设置很重要，问得要有启发性、有梯度、有价值，这样才能带领学生一步一步地去思考，向问题的最终答案靠拢。比如电话计费问题，先以问题确定学生是否理解表格中收费的标准和数据代表的意义，再引导学生思考两种收费方式的选择取决于什么，如何分情况讨论。教师对于每节课的问题都要精心设计，充分利用学生的最近发展区，尽可能地挖掘学生的潜力。（路秀霞）

32 我很有幸于12月1日参加了新教材培训活动，在这个活动中领略了省优质课前四名教师的风采和专家的精彩点评。新乡市二十二中杨飞云老师在《正方形》这节课中，设计让学生利用学具拼一拼、画一画、折一折去感悟正方形的判定；漯河市实验中学杨珂老师在《平面镶嵌》这节课中，让学生利用手中的正多边形设计出漂亮的图案，进而感悟平面镶嵌的条件；南阳市二十二中李飞老师在《高度测量》这节课中，同样也是让学生利用学具帮忙测量学校旗杆的高度，进一步体会直角三角形的应用。这几位老师的课堂上都是让学生通过活动获取知识，突出知识的形成过程，让学生不再觉得这是一节枯燥无味的数学课，而是一节充满活力和生机的动手实践课；让学生在自主探索和合作交流中获取知识，得到体验；让学生亲身经历知识发生和发展的过程，真正体现了让学生在做中学、在学中做，我想这也是探寻知识源的目的和意义所在，这让我对今后如何开展项目课程有了新的思考和方向。（刘彦丽）

33 班里有一学生非常勤奋，日日早起，夜夜晚睡，课间也总见他在班读书做题，上课专心听讲，别人展示的过程也都完整地整理在导学案上，错题本已写好几本。但他的成绩不好且没一点进步。有次见他把卷子上所有错题的题目全抄在错题本上，我就问他思考过吗？他说还没，先抄上再说。他的做法明显是缺乏深度思考，这种勤奋是不提倡的。错题应分析为什么错，是概念不清、基础没掌握、思路错误还是马虎。概念不清的重新研究概念，思路错误的回忆当时的思路，分析正确的思路是什么，以后同类的题是否都是一样的思路。只有特别有价值的才抄下来。拒绝思维懒惰，提倡深度思考，永远不要用战术上的勤奋掩盖战略上的懒惰。（赵利娜）

34 有部分学生上课状态不好，不注意听讲，有错误不订正，总感觉自己七年级基础打得不够牢固，现在开始学太晚了而放弃自己；有些努力一段时间却没看到成效，内心的焦虑急剧增长，觉得时间来不及了，自己没救了。然而是不是真的为时已晚了呢？都说“早知如此，何必当初”，但世上没有那么多的“早知道”，更多的是当事情发生时，我们有没有能力和魄力去面对和弥补，将损失降低到最小。只需要从现在开始，努力把当下的知识掌握好，利用好一切可以利用的时间查漏补缺，全力以赴，要坚信：奇迹，就是努力的另一个名字。老师要告诉学生：只要你想学，什么时候都不晚。（赵利娜）

35 以前下课，学生起立喊“老师再见”，而现在下课喊“老师辛苦了”，虽然只是简单地变了几个字，但是每次上完课听到学生喊出这几个字，我心里感觉再疲劳、再辛苦都值得，因为感觉自己的付出得到了认可。从中我在反思，如果我们平时做个有心人，发现学生的点滴进步，比如某个学生上课认真听讲了，某个学生作业变整洁了，某个学生见面热情给老师打招

呼了，等等，如果我们能在发现的同时给予及时的认可，学生是不是就会更积极地向着我们期待的方向发展呢？（崔文丽）

36 期中考试之后，我分析了后进生的数学成绩，同时与他们谈话，发现很多学生表示想要学好数学，无奈却因为数学储备知识不够，导致现在数学课听不懂，所以也学不会了。针对这个情况，我结合两个班的数学尖子生和点评小能手成立了数学培训班，学生由两个班的数学成绩低于50分的同学组成，老师则由两个班的尖子生组成，每次两个助教，一个主讲。经过一个月的学习，发现坚持来参加培训班的学生，数学成绩在本次的月考中大部分都取得了进步，同时讲师团的学生也对数学知识有了更加深刻而清晰的认识。（冯俊辉）

37 教师是“介绍人”，介绍学生与学习相依相恋；教师是“打火机”，将学生的学习热情和智慧火把迅速点燃；教师是“领头羊”，引领学生走进知识的茫茫草原；教师是“味精”，将学生的学习变成色香味俱全的美味大餐。（娄立）

38 今天听了几个老师的发言收获很大，反思自己目前教学所出现的问题：第一，没有沉下心来把课本吃透，只是跟着进度完成教学任务、处理手边的试题资料，对学生知识的掌握程度了解不够，也没有对学生解题技能技巧做出针对性的训练，做太多无用功。第二，对学生的学情没有足够的了解，以为讲过的题学生应该都会了。可事实并不是这样，每个学生的程度不同，接受能力也不同，应该多了解不同程度学生的需求，做到因材施教。第三，备课侧重点有点跑偏。因为时间短，所以每次都拣着难题讲，忽略了基础知识。应该面向大多数学生，努力夯实基础，而不是一味提

高难度。（刘雷振）

39 临近期末，每位老师都渴望出一份好的数学试卷，出几道好的数学习题。什么样的题才算好题？所谓好题应该有“出乎意料，却在情理之中”的意境，这样才能称为好题。而要做到“出乎意料”，这几乎是数学教师内心深处的潜意识，它会自觉或不自觉地转化成显现的教学行为，特别是在为自己的某个“小花招”暗自得意的时候，在向学生展现数学魅力的同时，千万不要忘了要用“却在情理之中”时时约束自己，你出的好题是否符合新课标？是否符合考纲？是否符合学生学情？所以在数学教育中我们要始终谨记“却在情理之中”，要更多地从教育的角度去思考学生学习数学的目的和价值。（赵予新）

40 学习数学的关键在于激发学生的学习兴趣。传统的初中数学教学中，教师忽视了学生的认知特点及性格特点，“满堂灌”普遍存在。新课程背景下，教师要注重课堂教学激趣，在激发学生学习兴趣的基础上开展数学教学活动。例如，在讲“轴对称”时，教师可以提出问题：我们班教室的窗户有什么特点？你们知道什么是窗花吗？在学生回答问题的过程中，教师可以灵活引入课堂教学活动，也可以借助多媒体等现代信息技术展示一些有关轴对称图形的视频、图片等，激发学生的学习兴趣，调动学生的学习积极性，提升数学教学质量。（王念友）

41 在新课之后，安排适量的练习题，让学生对所学的知识进行夯实和巩固。值得注意的是，教师在为学生安排练习题时，要注意拓展学生的知识点，对新知识和旧知识进行有效融合。同时，通过这一环节，教师还能根据学生的做题情况，了解学生对知识的掌握情况，从而更好地安排后续的教学

计划和工作。(王念友)

42 在以往的传统教学中，老师总是把初中数学的概念和定理让学生死记硬背以达到记忆的目的，其实这样的方法是不对的。学生记忆得再深刻，也会有忘记的时候。对于探究性学习的定理和法则来说，便是注重数学家总结各种法则的过程，重视过程论再现数学家们得出定理的过程，这样学生真实地感受了这个过程，才能达到永久记忆和灵活运用的效果。(王念友)

43 教师的任务不只是“教书”，更应该“育人”。我希望在自己的课堂上，能够让学生大胆表达自己的想法，培养他们的幸福感和社会责任感。而这些方面的教育，我都是在讲词、讲题时，以造句子、举例子等形式，慢慢渗透进课堂，让他们在潜移默化中受到教育。(臧艳)

44 英语课堂，应该关注高效，要争取让学生在这宝贵的40分钟内掌握所学知识。要做到这点，就离不开老师课前认真备课。老师要解学生之需，急学生之急，提前想好如何教才能便于学生理解，才能利于学生掌握吸收。老师讲得再精彩，如果学生没有真正掌握，那一切都是无用功。要在课上精讲多练，突出重点，化解难点，当堂问题当堂解决。(臧艳)

45 今天的“Free Talk”环节，学生表演了“授人以鱼不如授人以渔”这个故事。其实孩子们的学习何尝不是需要方法的点拨呢？课堂上知识的讲解固然重要，但让学生学会掌握知识体系的方法才是长远之道。英语课是一门以背记为主的科目，但个人感觉还是应该让学生理解记忆。比如be worried about=worry about这个短语，死记硬背容易出错，如果讲清

worried是形容词，前面需要加上动词才能做谓语，学生是不是更好理解了呢？（杜青青）

46 英语教师应该采用任务型的教学方法，使学生上课时就能置身于一个讲英语、用英语的环境之中，在既紧张又活泼的气氛中来学习英语。同时，教师要关心学生，要同他们交朋友，不呵斥他们，要常鼓励他们，让他们在自信中学习，在快乐中进步。所以，培养良好的师生关系对学生的学习兴趣是大有帮助的。（郭利青）

47 最近讲新课时，我从以前的让学生直接站起来说变为提前安排学生把知识点写在黑板上，然后再讲解给大家听。我感觉这样的形式台下学生听得更加认真了，上台讲的学生也比以前站起来讲得更好、更加全面，有的知识我都没想到，但是学生却能板书并讲解出来，这让我改变了以前的看法，以后需要加强学生课前预习并板演的习惯。（杜青青）

48 课文中讲到了《音乐之声》，于是课前我专门找了《音乐之声》的插曲《DoReMi》放给同学们听。同学们听了开头两句齐说听过了，我就很好奇，大家告诉我音乐课上老师给大家放过。那一瞬间我就想到了给大家放《乡愁》英文版的那一次，同学们说语文课上学过。不同学科之间知识的交叉其实是一件很美妙的事情，学生不仅印象深刻，还会因为对学过知识百分百的确定而感到很兴奋、很自豪。（郭丹丹）

49 每个学生，除了特殊原因，都有相当强的独立学习能力，他们在学校的整个学习过程就是一个争取独立和日益独立的过程。所以，教师要充分尊重学生的独立性，积极鼓励学生独立学习，并创造各种机会让学生独立学

习。（于慧娟）

50 并不是每一个待优生都想停滞不前，当他的一点点进步被老师和同学们认可时，内心那颗希望的种子就被唤醒了。所以，我们一个鼓励的眼神、一句鼓励的话、同学们鼓励的掌声都在点亮他们希望的灯。（于慧娟）

51 学生对待学习的重视度不一样，效果就不一样。同样是“Free Talk”，一个班里的学生很有创意地想出公交车上一幕的前后对比来运用现在完成时，学生们在里面还扮演了孕妇、老人等各种角色；而另一个班只是简单地把对话改编了一下，那么两个班的效果肯定就完全不一样。所以，老师要想办法让学生感兴趣并且重视这个环节，这样才能达到事半功倍的效果。（杜青青）

52 在收获课改成绩的同时，我们的课堂教学改革中也存在着许多美中不足的地方，如课堂秩序较难维持，学生注意力容易分散，教学内容难以完成，进度缓慢，部分学生的学习热情不能持久，积极性出现差异，等等。面对这种情况，我们要把每一环节稳扎稳打，落到实处，要把课改作为一项持久的工作，不厌其烦地去做，善于总结得失，及时修正，及时完善，让我们的课改工作再上一个新台阶。（于慧娟）

53 要让学生主动地参与到学习中，要让学生去想去做从而在整个过程中去感悟知识。这不仅要求教师要善于捕捉和激发学生思维的火花和学习的灵感，发现和挖掘学生发展的潜能，维系学生思维的积极性，还要有灵活的课堂应变能力，以保证双方的协调发展。（于慧娟）

54 临近期末复习，为了使课堂更加高效，我制订了详细的复习计划，并且让学生针对自己的英语学习情况制订了属于自己的高效复习计划和期末目标。我发现师生双方制订有效的学习计划，使我们的课堂更加高效，师生之间的配合更加默契，课堂气氛更加融洽，教师和学生站在统一战线，并且教师能时时让学生感受到老师永远和他们在一起努力奋斗，学生在枯燥的学习中会感到更加有力量、更加有目标，学习效果就会更好。（赵文璐）

55 我今天上课期间特意观察了学生们做笔记的情况，发现总有一部分学生做题思路慢，记笔记速度也慢，其他学生已经进入到下一题的思考并公布出自己的答案了，他们却仍停留在上一题的笔记当中。因此，如何在课堂上兼顾到每一位学生，保护好每一位学生主动思考的权利，是值得我们思考的问题。首先，课堂进度要顾及每个学生。不要过于追求快，要尽量能使每个学生听懂，每个学生有所得。其次，课堂提问要针对每一层次的学生。难题抛给优生，而易题则留给中下等同学，这样既能激发优等生的潜力，也不会使学困生失去学习的信心。最后，课后培训要有针对性。培优补低是落实的重点，因材施教才能适得其所。（陈慧慧）

56 每当看到喷薄的日出，有人会联想到光明、生命和希望，想到生机盎然的春天；每当看到波澜壮阔的大海，有人会联想到浩瀚和刚强，想到宽广的胸怀和人世沧桑……英语的学习同样需要联想。前不久我给学生上了一节联想课，我在黑板上写，让学生用英语把联想到的内容用单词或短语说出来，抢答并给小组加分。我先在黑板上写了“1”，学生便抢答开了，答案五花八门，有直线、线段、筷子、地平线、树干、胳膊等，好不热闹；我又画了个“o”，下面又抢开了，说零、鸡蛋、鹅卵石、太阳、地球、气球、盘子、车轮、圆、人头……我每写一个字或画一个符号，学生都说出了一大堆答案，整堂课全员参与，许多学生只恨自己知道内容而不会用英语说而不能得分，表示在课下一定要多积累词汇。一节并不复杂的课，不仅使学生提高了英语学习的兴趣和学习的积极性，也使学生提高了课堂参与度。（白国珍）

57 在学习有关美食的文章之前，为了调动学生的学习积极性，我布置了一个预习作业：每人做一份美食带到课堂上进行交流，为此我也做了一大盘拿手的可乐鸡。第二天的课堂上如同盛宴一样，同学们拿出了自己做的各种美食，丰盛极了。有鱼香肉丝、糖醋排骨、鲤鱼焙面、四喜丸子、红烧肉等各种菜肴，也有鸡蛋饼干、五香麻花、香辣条、绿豆糕等风味糕点，我们还请了其他任课老师一起品尝。课堂上，寓教于乐，同学们边吃边学，在感受美食文化的同时也学习了英语知识。很久后，每当提及此事，大家仍津津乐道。有人认为英语枯燥无味，不想学，但有时我们多动动脑筋，搞一些有趣的活动，让学生参与进来，自然会提高学生的积极性，教学有法而无定法，关键在于老师如何去发现。（白国珍）

58 教师应当是一个培育学生情感的艺术家，而不是冷漠无情的教书匠。教师要想使学生有丰富的情感、高尚的情操，自己就应该是一个热爱学生、爱憎分明、善于表露真情的人。老师只有真诚地关怀学生，才能赢得学生的敬重。（王聪聪）

59 每个班可能都有所谓的“后进生”，而对于政治学科而言，我认为没有差生。这周在上课复习时间，我尤其关注班里的一些学生，我发现通过对他们的鼓励和引导，最后提问的时候几乎都能背会，此时班里所有学生不约而同地为他们鼓掌，让他们获取自信心。教育实践告诉我们，爱是一种最有效的教育手段，当学生体会到老师对自己的信任和期盼时，他们将亲其师而信其道。因此，对于后进生来说，要动之以情，消除其戒备心理，只有满腔热情地对待每一个学生，特别是每一个后进生，给他们以无私的、真诚的爱，学生有困难时及时关心帮助，使他们感到班集体的温暖、老师的关怀，进而达到感化他们、教育他们的目的。（邢亚歌）

60 以往的教学活动多是教师设计、学生参与，难免从成人的眼光出发，限制学生思维的发散。实施项目课程一年时间，学生的展示已基本形成一定的模式，效果显著。项目课程是学生自主设计的，更加关注学生的内心需求，以学生的体验为主，符合学生参与的心理，所以学生参与的积极性更高，项目课程的展示以小组内大部分成员为主，改变了以往展示时学生推三阻四的状态。（李晓芳）

61 将一些盐放在你的面前，无论如何你都难以下咽；如果将适量的盐放入一碗美味可口的汤中，你在享用汤时，这些盐就不知不觉地被你全部吸收了。原本枯燥乏味的地理知识犹如盐，而与之相适应的课堂设计则是汤。为什么有些孩子一上课就犯困、跑神？也许就是我们没有放对调料，才会让学生食之无味。对课堂要有准确的定位：促进学，即提示学、指导学、组织学、提高学、欣赏学。在这个过程中，教师的主导作用不断转化为学生的独立学习能力，随着学生独立学习能力由小到大、由弱到强的增长，教师的作用也就发生了与之相反的变化，将最终实现“教为了不教”。（孙英坤）

62 本周，“冰花男孩”走进我的地理课堂，给同学们带来了4个值得学习和思考的问题：（1）“冰花男孩”的家乡云南昭通鲁甸地区位于四川盆地向云贵高原的抬升过渡地带，地壳不稳定，地震活动频繁。2014年8月3日曾发生6.5级地震，地震造成108.84万人受灾，617人死亡，112人失踪。这说明他的家乡位于印度洋板块与亚欧板块交界处，位于地中海-喜马拉雅火山地震带。（2）“冰花男孩”头顶霜花说明当地海拔较高，冬季寒冷。海拔最高3356米，最低568米，县城海拔1917米。这印证了气温随海拔升高而降低这一气温分布规律。（3）“冰花男孩”父亲长年在外打工，家庭环境说明当地为人口迁移输出地区，农村留守儿童较多，经济落后，是国家重点扶贫地区。（4）“冰花男孩”头顶霜花去上学的事例说明，坐享其成是一种耻辱，成功要靠自己的双手和双脚创造。“冰花男孩”虽然生活艰苦，生存艰辛，面对痛苦却能苦中作乐，而生活在优越环境中的孩子却时常发出各种抱怨，两者相比，就能看出究竟谁是真正的弱者、谁是真正的强者。（孙英坤）

63 平淡无味，润物细无声。老师就是从上好每一节课、改好每一本作业、写好每一次板书中，时时处处给学生启蒙。水至柔至弱，滴水能穿石。老师就是从一次谈话、一个眼神、一个微笑中，点点滴滴教学生做人。（丁玲）

64 我校的课堂模式，不仅仅在行动上体现学生的主体性——让学生去展示，更体现在思考上——让学生先独立思考。我觉得这是我们的模式优于其他模式的地方，也是我们更加努力的方向！（原五庆）

65 培养学生拥有一颗强大的心，无论批评还是鼓励，对于他们来说，都是前进路上的动力；培养学生拥有一颗强大的心，无论顺境还是逆境，对于他们来说，都能够比别人先冷静；培养学生拥有一颗强大的心，冷静下来之后，先思考问题该怎么做才能解决，再思考用什么方法解决更合适。我想，这就是教育的目的。（原五庆）

66 “高度决定视野，角度改变观念，尺度把握人生。”通过课程育人，提高学生的知识水平，开拓学生的认知视野；师生角度互换，改变满堂灌的低效学习观念；把握好教育尺度，让学生体会到一中的严爱教育，同时也有了我们的幸福人生。（原五庆）

67 10月17日“神舟十一号”发射成功，课堂上播放了发射视频，随之我抛出问题：“神舟十一号上应用到哪些新材料？这些新材料有什么特点？”以引入新课《新材料及其应用》，同学们踊跃回答，然后让同学们思考自己身边有哪些新材料，课堂气氛相当活跃。这是物理利用学科优势，将生活和科技与所学知识联系起来，引导学生感受物理就在身边，只要细心观察，生活处处充满物理，提高了他们的科学兴趣。同时介绍了中国航天的发展和几代航天人的努力，描绘今后航天的发展前景，不仅增强了大家的民族自豪感，也鼓励和期盼同学们为今后航天的发展贡献一分力量。（魏军）

68 一旦学生的主动性被调动上来之后，学生的学习能力和创造力是超乎我们想象的。之前在学习声音的传播时，学生自己做了土电话，但是有一位同学下课后问我，真正的电话是如何靠电流信号传递信息的？我就把电磁学相关的知识进行了大概讲解，但是由于电学知识还没有学习，我就把九年级的课本给他，让他自己去学习和思考。结果等到几节课后，这位同学在“悟道自然”展示的时候设计了关于电学的情景剧，情景剧结束后又对情景剧中出现的知识进行讲解。我真的很佩服学生的学习能力和创造力，我甚至觉得，我们培养的不仅仅是学生，更是以后的科学家。（张晓彤）

69 真正的教育，绝不仅仅是讲道理、传授知识，更不仅仅是开发孩子的智力，而是把正能量传递给孩子，维护孩子的心力，让他们成为一个内心强大的人，一个能承担后果、应对变故、改善自身和环境的人。初中阶段正是孩子们的叛逆期，叛逆是因为家长和老师没有关注学生的情绪。注重情绪的教育，才是好的教育，才是回归心灵的教育。如果爱与逻辑之间有冲突，那么应该由爱来决定，不应该由逻辑来决定；如果头脑和心之间有冲突，必须先听心的。用心灵去唤醒孩子的心灵，才能涵养自己的心情，同时涵养孩子的心情。用心感悟，用脑思考，不用讲道理，孩子就懂，与他们共情，体会他们的感受，先处理心情再处理事情。教书不是日复一日地复制粘贴，只有不断学习成长才可以远离单调与苟且，方能不断走向诗意与远方，才能走进和影响学生的心灵。（冯艳景）

70 中国的教育大家都是以其光辉的人格魅力影响一代又一代的人，今日有幸读了朱自清先生的教育信仰，我深受启发：太注重“学业”忽视了“做人”，便成了跛的教育。跛的教育是不能行远的。（李桢）

71 朱光潜先生在《无言之美》一书中谈到写作的四个境界：疵境、稳境、醇品、化境。我想教学也是如此。一个教师，从刚进入教师队伍到成为有独特风格的教师，其教学艺术的发展历程，也必得经由“疵境”到“化境”，任何人概莫能外。听课，博采众长；追课，寻找自我；晒课，敞开自我。这或许是我要走的路。（王亚平）

72 我们从事的工作是塑造人的事业。要引导学生积极进取，自己就必须永葆青春和激情；要培养孩子们的探索精神，自己就首先要有创新意识和创造能力。同样，想要让孩子们将来成为一个幸福的人，教师自己首先就应该学会幸福地生活。每天，我们在传承人类文明的同时，也应创造自己丰富多彩的精神生活，找回健康、快乐的心灵。（叶永杰）

73 心理学有一个定律，我们对一件事或一个人付出的心血越多，对这件事（个人）就会认同越多，忠诚越多，投入感可以让人更加珍惜所做的事。同样，课堂上学生参与讨论或者动手实践的投入程度越高，越容易喜欢、重视课程的内容。当学生真正做到全身心付出时，往往满意的成绩就是顺理成章达成的。（高娜娜）

74 爱动脑筋、好追根究底是青少年的心理特点。通过创设问题悬念及新奇的教学情境，能诱发学生的好奇心和求知欲望，燃起他们对知识追求的热情，驱使他们积极思考，从而增强他们学习的主动性、自觉性和积极性。学生的课堂参与度高，气氛就活跃，我们的课堂教学就会有良好的开端。（高娜娜）

75 情感是文章的灵魂，一直以来我都要求学生作文要以情动人，要说真话、实话、心里话，可还是经常会发现“感情缺失”的习作。这次练笔，有个学生写母爱，侧重写妈妈在思想上对自己的教育，在学习上生活上对自己的关心，表面上看内容充实，其实每一件事都是浮光掠影，根本没有交代自己被感动的原因，内容平平淡淡，文中的“我”感动得哭了几次，可丝毫感动不了读者。没有写出自己对母爱的真切感受，更不能让读者在阅读过程中深受感染。如何让文章感人呢？我告诉学生，要选取生活中小而精的素材，接地气儿，也容易打动人心，抓住细节，从自己的切身体验中去寻找曾经打动过自己的感人画面，使文章充溢着感人的真情。（刘仟）

76 我和学生一起观看视频《邓稼先》，感悟颇多。“战争”，多么可怕的一个词；“侵略”，多么悲伤的一个词；“任人宰割”，更是一个多么悲惨的词。而我们中华民族以前就遭遇过这种悲惨的事情，让每一个中国人都忘不了那段历史，激励每个中国人的斗志。有许多人对祖国做出了伟大贡献，其中就有科学家邓稼先。邓稼先是一个忠厚老实、真诚坦白的人，也就是这个平凡的人对祖国做出了巨大贡献。为了祖国，献出自己的一生。多么勇敢，多么伟大。我们应该学习邓稼先的伟大精神——爱国，为祖国贡献自己的力量。就算节约一滴水、节约一张纸、节约一度电，这些也能从中体现出我们爱国的精神。我们还要学习他的品质，忠厚平实，认真谦虚。学生们看完视频，纷纷给予热烈的掌声，并表示要珍惜现有的良好生活，趁早立志，做一个明大义、爱奉献的人。（肖冬）

77 昨天下午，学生集体观看了《国家记忆·白求恩》，当视频放映结束的时候，全体学生自发地鼓掌，有的学生流下了感动的泪水。学生们不是对历史上的这些有过特殊贡献的人物没有什么感情或者说是不被触动，而是他们缺少这样的集体受教育的机会。平日里的八卦娱乐新闻夺去了学生们太多的注意力，但是不代表学生没有明辨是非、感悟经典、学习先进的能力。从榜样的身上汲取力量，从经典中收获成长。这样的方式也可以作为德育的一部分，除了学习课本上的知识，更多地去感受英雄人物的魅力，进而传承美好品质，铸就美好人生。（肖冬）

78 陪着和陪伴，一字之差，天壤之别。陪着，只是指你人在，但心不一定在；而陪伴，“半”的旁边，多了一个“人”，身心都在此刻、此时。

昨天晚自习前，班里一名学生犯错误，我开始讲道理，学生面容平静，毫无感触。看到这种情况，我静下心来，从学生角度考虑，两三句话就让学生低头垂泪，自我反省。班主任不能只是天天陪着学生，应该陪伴着学生的成长。

晚饭后，我决定陪伴亲爱的女儿外出散步，女儿紧紧拉住我的手，一会儿唱歌，一会儿讲故事，蹦蹦跳跳非常开心。散步回家后，宝贝女儿对我说："妈妈，一起散步真幸福啊！"作为妈妈，工作以外的时间一定要用心陪伴自己的孩子，承担起作为妈妈的责任！（荣蓉）

79 昨天晚上十点回到家后，发现妞妞还在伏案忙碌中。原来是新买的公主涂色书到了，她非常喜欢，一定要多涂几页。我看时间太晚了，而且妞妞也是睡眼蒙眬的样子，就要求妞妞马上停止涂色，赶快上床睡觉。但是妞妞坚持继续涂色，我动手拉她，她就哭着不走。就这样僵持了十几分钟，我想还是应该换种方式来解决这个问题，于是就告诉她："再给你五分钟时间，涂完这一页就上床睡觉，这样明天早晨上幼儿园就不会迟到了，好吗？"妞妞停住抽噎，思考了一下马上答应了我。我就自己先洗洗涮涮了，妞妞不到三分钟的时候就问我："妈妈，时间到了吗？"我回答："还有两分钟。"妞妞急着回应："妈妈，我会加快速度的。"到了五分钟的时候，我提醒她时间到了，妞妞马上就收起了书和笔上床来了。

这让我想到了前段时间亲子节目《宝贝的新朋友》中的一个片段，谢贤端着碗要求7岁的孩子吃点东西，孩子怎么都不吃，谢贤再三劝说，孩子爆发了，说了不合适的话，谢贤火大，轻轻"踹"了孩子一脚。大部分网友纷纷支持"熊孩子没礼貌，该踹"。孩子固然有错，可是大人呢？我们觉得当我让你吃的时候你就得吃，让你睡的时候你就得睡，不吃不睡是对不起我对你的关心和爱。可是我们却忘记了，我们给孩子们的是不是他们所需要、所喜欢的。孩子也有自己的心理界限，大人的强喂硬塞，孩子的界限就被侵犯，这就使得孩子的防御机制开启，把吃饭、睡觉的本能需求压制了下去。

尼采说：真正"活过"的人，都是由他自己选择如何经历自己的人生，而不是像个木偶一般被生活所经历。我们能够给孩子最好的礼物，就是让孩子

能够做自己，相信自己，对自己负责。（荣蓉）

80 王小波在《沉默的大多数》序言中提及，一些人对世界对生活一无所知，却总自诩能明辨是非，这就是愚蠢。其实想想，我们学生中这样的人大量存在，他们坚持着自己的一套价值标准，并且很笃定，很得意。所以教育他们很有难度，极易出现反复。这种情况下，家长与老师社会经验、人生阅历的分享远比一味地说教更有效果。通过分享，学生可以更加立体地了解家长、了解老师，进而拉近他与家长、老师的心理距离，增加他对家长、老师的认同感。更为关键的是，通过家长、教师的分享，学生能在这种轻松愉悦的气氛中获得对人生的感悟、对社会的认知。感悟多了，认知多了，是与非也就慢慢清晰了，不是吗？想想自己上学的时候，非常美好的时刻之一就是听父母或老师讲着他们自己的人生故事，这是一种情感的熏陶，这是一种正能量的传递。（吕志高）

81 前天夜晚，初雪。洁白的精灵唤起了老师和学生的诗意，刚好最近在学习古典诗词，同时开展初中部语文项目课程“采薇”，我就鼓励学生进行即兴创作。要求并不高，能够写出自己的真实感受就好。结果令人惊喜，如《相见欢》《江城子》等一些常见的词牌名都涌现了出来。说明学生将课上学习的内容运用到了生活中，将语文还给了生活。此处，奉上自己的拙作一篇。《相见欢·初雪》：寒流直逼霄汉，风如剑。斩尽残枝大地黄花遍。悄声叹，心许愿，未若柳絮飘摇把风恋。（李鸿雁）

82 今天读到一篇文章《车轮一定是圆的吗？》，原来车轮真的不一定非要是圆的，数学的神奇再一次震撼了我！生活常识有时经不住深究和推敲，需要我们学会质疑反思，对生活常识“去粗取精，去伪存真”，并充分发挥想象力、创造力，才能揭示常识所含的本质和真谛，再加以抽象概括，形成概念、法则、规律等，在此基础上形成“健全的常识”。不经批判性思考的常识可能蕴含着谬误，真理常常在常识之外。数学可以培养一个人的理性思维，不盲从，不盲信，质疑那些经不起“深究”“推敲”的常识、小道消息等，可以让我们的生活更加理性。（段新花）

83 我最近在学习一项新技能，刚开始的时候，真的觉得特别难，试了几次还没有突破的时候，直接就想放弃了。于是打电话给友人，跟她说我不适合这个，我不学了。她劝我说，其实刚开始都是这样，只是你以前一直在做你熟练的事情，所以你才不觉得难，而现在你到了一个完全陌生的领域，再坚持下试试，最好找个过来人，让他给你说说，也许你会有长进。第二天，照做，发现自己真的突飞猛进。虽然现在做得还不好，但是最起码心里没有了畏惧感。由此我想到了我们的学习，最开始的时候真的是最难的时候，记得之前看过一句话，说你如果没有在一件事上花够一万个小时的功夫，先不要下定论说你学不好。好多学困生，他不是学不好，而是有一门学不好了，就慢慢地否定自我，直到后来，他本来能学会的都觉得学不会了。学生刚升入八年级，几何学习难度逐渐增加，有的学生就给自己下结论，说自己几何不好。我对他们说，即使你们觉得每次想不出来突破点，还是要认真地跟着老师的思路去分析题目，分析得多了，慢慢就找到方法了。成功的人，往往就是在遇到困难的时候比别人多坚持了那么一点点。（王伶俐）

84 最近我心血来潮，学习编织。刚开始打算学时，心里一直打退堂鼓，感觉自己完全没有基础，怕自己学不会。确实刚开始学时，感觉很难，手也很笨，拿线和针都很吃力，但是随着一针一针地钩下来几圈后，发现自己慢慢地就找到了窍门，知道了如何数针，如何添针，如何减针，并且发现身子、头、手、脚的部分钩法都是类似的，慢慢地自己就越钩越来劲，并且喜欢上了编织。从中我就想到我们的学生对待学习也是一样的，对于自己感觉困难的知识，不是知识本身有多难，而是学生内心的恐惧让其不敢尝试困难，不敢面对自己的不足、薄弱部分，所以作为教师的我们不应该一遍一遍地说教讲解，而是应让学生自己有踏出去的勇气和信心，一旦他自己愿意去尝试了，我想他会更有毅力坚持下去，找到学习的快乐和自我价值。（崔文丽）

85 学校组织去唐庄镇学习吴金印同志的先进事迹，从他带领百姓致富和百姓对于他的评价看，只要他想干的事情都能干好，而他的说法是因为他想干的都是百姓赞同的、想做的，所以才能做成，要想做事就得了解百姓的需求。我想，我们教学何尝不是这样，只有我们深入了解学生的需求，多了解学生内心的想法，我们也会成为学生爱戴的人！（崔文丽）

86 当我们不想努力去做某件事的时候，我们总是会给自己找到各种各样的理由。就比如这次爬山，由于平时缺乏锻炼，走一会儿歇一会儿，看着年纪比自己小不了几岁的就感叹年轻真好，可是到最后的时候，我又看到一个年纪80岁的老奶奶（旁边有个大叔问时听到的）还能有这份魄力，并且脚步依然矫健，让自己汗颜。所以再想想工作中当我们告诉后进生为何不去努力尝试学习的时候，告诉他们要怎样怎样时，如果我们能够以身作则，我想不需要太多的华丽语言，学生就会效仿。（陈燕）

87 我最近又看了一遍《战狼2》。这部电影之所以如此火爆，离不开导演吴京的认真努力和坚持。为了做好军旅题材的作品，吴京特意到部队中训练两年，和士兵一起摸爬滚打、实战学习，把自己完全打造成一名合格的战士。影片中有一段2分钟的水下打戏，为了连贯地进行武打动作，吴京特意做了一个月的潜水运动，水下闭气长达3分钟。拍摄过程中，吴京平均每天在水里泡十多个小时。正是因为这份认真和坚持，吴京才能实现自己多年的梦想，让众人仰望。学生学习也是一样，也需要这种认真和坚持的态度，不能遇到困难就选择逃避和退缩，要找到问题解决的办法，并坚持下去。（宋玉勤）

88 我一个朋友给我说了她侄子的问题：小孩上小学一年级，父母不在身边，由老人照顾，上课不听课，不发言，作业也不会做，老师经常给家长打电话，但这个小孩的父母总认为孩子还小，现在不知道学习，等长大了自然就知道学习了。教育最怕出现两种极端，一种是完全撒手不管，另一种是按照自己的想法去助长。只有默默耕耘，才有静待花开的机会。做父母的，就是要给孩子提供足够肥沃的土地，静心观察花的种类再以此选择耕耘方式去适度引导。千万别等孩子长大了，才想要弥补他成长中你缺席的那些时间，也别用静待花开的冠冕理由来掩饰自己教育的惰性和推卸责任。（王培云）

89 少儿班试读期间，上午上课，下午考试，考查了学生接受新知识的能力，这些孩子的接受能力很强。我由此想到自己的学生，他们掌握知识程度参差不齐，接受新知识的能力不同，如何让不同的学生都能得到一定的发展是我们每一个老师的任务。在实际教学中，我们往往会用同样的标准去衡量每一个学生，要求每一个学生都要学会那些技能、完成那些任务。这样其实会抹杀学生的学习积极性，如任务定得太高，有的学生完不成，索性就不做了；任务太低了，好的学生完成了就没有事做，就可能会制造一些其他的“事件”。所以我们在教学中应多反思如何分层次布置任务，也可以让学有余力的同学充当一下“小老师”，让他们尝试角色的转变，同时增进学生间的友情。这样，我们就能让每一个学生在不同的层次上都能得到一定的发展。（王培云）

90 人类究竟需要什么呢？人类的需求有很多，但都源自对生活的渴望，其中最重要的，正如威廉·詹姆斯所言：人性的根源深处，强烈渴求着他人的欣赏。任何人都渴望得到认同和赞美，更何况我们的学生。让我们发现他们的优势去进行认可和赞美吧，因为批评改变不了缺点，只有赞美才能拉近彼此的距离。（段金有）

91 周末物理老师布置了作业，要求画出电路图，并实际操作连接电路，拍照片发到班级群里。很快，这个群里变得热闹非凡。不但学生完成作业发照片到群里，也引起了家长的讨论，更有懂电路的家长在群里给大家介绍双控、三控开关的电路图原理，并发小视频给大家看。有了家长的参与，孩子们的学习热情也变得高涨起来，不但完成了作业，还额外地了解了生活中的电学知识。知识来源于生活，也应该服务于生活，让学生切合实际，体会到知识在生活中应用所带来的快乐，才能让他们真正爱上学习。（刘雷振）

92 我闲暇时间重温了张艺谋导演的《一个都不能少》，一个小小的代课老师魏敏芝，只因老师离开时交代过“这些孩子一个也不能少”这样一句话，就让她坚定执着地寻回每一位辍学的孩子，这种精神让我震撼。有这样一句话：“老师不经意的一句话，可能会创造一个奇迹；老师不经意的一个眼神，也许会扼杀一个人才。”老师习以为常的行为，对学生终身的发展也许会产生不可估量的影响。作为一名老师，我们应该经常回顾自己的教育历程，反思一下：我造就了多少个遗憾，刺伤了多少颗童心，遗忘了多少个不该遗忘的角落！从而避免这些不应该出现的错误。（刘鸽）

93 走进春天的校园，满眼都是盛开的玉兰、桃花、杏花、紫荆花、榆叶梅……花随风舞，令人心情愉快，走进课堂，也不为个别捣蛋的学生生气了。其实每个学生都有许多优缺点，放大其优点就觉得他们很可爱。他们也如一朵朵花，总有绽放之时，只是花期早晚不同罢了。老师要如园丁一样，精心呵护，耐心等待，同样会出现繁花满树的亮丽风景。（白国珍）

94 生活需要仪式感，因为仪式感会让人感到更加幸福、美好、快乐。学生在受教育成长的过程中更需要仪式感，比如每天上课前向老师问好，比如某个学生最近一段时间上课的表现特别好，我会对他进行一个小小仪式的表扬和鼓励，尽管这个仪式很小，但是对于学生来说，这种仪式感让他找到了自信与前进的力量。（赵文璐）

95 “很难想象一个不会与人相处的人在当今的社会将如何生存。”美国商界某知名人士的这一感叹，无疑给教育提出了新的命题：必须把我们的学生培养成会交往的人。有分工、有协作的合作练习，不仅增长了学生的技能，提高了课堂效率，更重要的是在潜意识里教会学生如何与人相处，促进了学生之间情感的交流。开展合作学习，让他们并肩作战，一起完成任务，这样可以让每个学生都认识到对方的重要性，体会到集体智慧的力量，从而无形中培养了学生团结互助的好品德，让他们乐于与人交往，善于与人交往。（高烨华）

96 习近平总书记在十九大上说：不忘初心，方得始终。中国共产党人的初心和使命，就是为中国人民谋幸福，为中华民族谋复兴。今天周末，我在研读十九大精神时想到，作为一名中学教师，忙忙碌碌，周而复始，忙碌中是否忘记了从教的初心？可否忘记二十五年前选择教师这个职业时所树立的梦想？那时青春年少、意气风发、积极进取、热心探索；时光荏苒，转眼已近知天命的年龄，自己对立德树人的目标是否有更强烈的渴望？对课堂教学创新是否能初心不改？对纷繁复杂的社会了解得越深刻，在课堂上用正确思想引领学生健康成长快乐生活的愿望就越强烈。我虽然只有烛光的亮度，但是也希望能照亮更多迷茫的学生的心灵。小到引领学生学会与家庭成员间的尊重、理解、诚信、包容等，为幸福家庭奠基；再到不闯红灯、各行其道等自觉遵守规则，正确行使权利，自觉履行义务，学会自我保护等，为健康成长保驾护航；大到胸怀天下，关心国事天下事，养成亲社会行为，努力成才，勇担社会责任，为打造人类命运共同体建功立业。星星之火，可以燎原。不忘初心，甘作春蚕。（杨改云）

97 每颗珍珠原本都是一粒沙子，但并不是每一粒沙子都能成为一颗珍珠。想要卓尔不群，就要有鹤立鸡群的资本。学习亦是如此，从小到大十几年的求学生涯，长路漫漫，取得卓越的成绩不易，必须坚持不懈，付出多倍的努力，不停歇，不懈怠，勇往直前，累积自己的资本，把自己从一粒沙子变成一颗价值连城的珍珠。（徐楠）

98 每个人外在的言行举止都是内在思想的呈现。我们如果无法信任自己，就很难信任别人；我们如果无法尊重自己，就很难尊重别人；我们如果无法肯定自己，就很难肯定别人；我们如果不能照亮自己，就不可能照亮别人；你不幸福，就不能给别人幸福；你没有爱，就不能给别人爱。老师是要把正面的给学生，所以自己一定要有正面的东西。作为老师，我们只有不断读书学习，才能影响、引导学生去不断成长。（冯艳景）

99 关注生活中的点滴美好，每一刻，我都用心观察自己的四周，发现无处不在的美：照耀在我身上的阳光，路边红色、黄色、紫色的花，空中弥漫桂花的香味，雨后蔚蓝的天空，爱人眼中的笑意，同学们渴求知识的目光……生命如此绚丽多姿，只因我选择聆听每天的奇迹、和平与爱，只因我欣赏和感恩每一刻当下，生命充盈而美好。（冯艳景）

100 我送孩子去上学，走到路上看见清洁工在敲打树干，以防明天树叶落下又要打扫。我在想我们的教育又是怎样呢？过早地报班，以至于在上课时学生认为已听懂，其实不然，学的东西一知半解；再则，自己上课是不是也强行将过多的知识强加给学生，他们能接受吗？接受的程度是什么呢？新课改后一定程度上解决了这样的问题，但我们用得还不够好，化学仍然面临讲课速度与学生接受程度不协调的问题，如何更好地利用新模式是我们应该深思的问题。（孙志丹）

职业追求：幸福都是奋斗出来的

1 “20多年来，我努力让自己做到‘两个一点点’：平时比别人多做一点点，在遇到困难的时候再比别人多坚持一点点。”2016年“全国教书育人楷模”徐华在接受《中国青年报》采访时这样说。多么朴实的一句话，道出了一位中学教师的职业素养。徐华老师总说自己不是个聪明的人，但他相信勤能补拙，所以，他总是“比别人多做一点点”。对照自己，在本学科组，自己的学历不是最高，教学水平不是最好，所以我要反思自己，平时比其他的老师在备课中多做功课了吗？工作是不是多做了一点点？每天是不是努力了一点点？在遇到困难时我会不会再坚持一点点？徐华老师坚持了20多年的“两个一点点”，最终有所成就，我相信只要把每天要做的事扎扎实实地做好，结果一定会水到渠成。最后，让我用徐华老师的话和大家共勉：“我们对工作是否厌烦，取决于我们的工作状态是否专注，当我们专注时，就会有惊喜的发现，就有了滴水穿石的功夫，当我能做到这些时，就会发现面对的太阳每天都是新的。”（张慧敏）

2 每天和孩子们在一起，从早到晚，不知不觉间已养成了一种习惯，习惯看他们读书，习惯看他们写作业，习惯看他们嬉戏玩耍，日复一日，这些都是简单而平实的幸福。有人说教育是用生命影响生命，我们在影响他们，他们又何尝不是在时刻影响着我们呢！就像这春暖花开的季节，他们用如花般灿烂的笑脸为我们倾注青春的活力！（王培）

3 教师节又在平静中悄然度过了。每年的教师节都会听到各种声音，有赞美，有感谢，当然，也有抱怨，有牢骚。老实说，虽然我们的生活清贫，但工作并不轻松，我相信绝大多数教师是很热爱教师这个职业的。今天刚睡醒，打开手机就看到赵老师的悟语，很受触动，看看周围这些认真勤勉的同事，他们的努力并不是因为惧怕领导、慑于威压，他们一定是在“苦”中找到了某种“乐”。

如果按部就班地上课、批作业，日复一日，年复一年，像驴子拉磨转圈似的周而复始，会让人觉得乏味而又疲惫。但是，好在教育教学本身是非常具有创造性、艺术性的，我们所面对的学生也是有血有肉、有情感的。所以，当我们疲惫厌倦的时候，如果能适当地调适自己的心理，发现新的兴奋点，看到新的风景，那么教学就可以充满活力，我们就更容易获得职业幸福感。

昨日，我参加了学校一年一度的教学工作会议。会议之前发了一份教学通讯，上面刊载着语文组退休特级教师孙彩莲的文章《如何备好一节课》。我回忆起年轻时与孙老师共事的日子，她每一节课都教过很多遍，可是每一节课都要准备很久，写很多页的教案，她说自己“没有备好课，真的不敢登上讲台”。课堂教学，是教师最重要的工作环节。在教学上的精益求精，可以说是永无止境的。我们在熟悉教材的基础上，每一轮，每一课，不管是课前的导入，还是探究问题的设置，都可以有新的反思和尝试。这些，我从前一直在努力做。来初中部之后，有了更多的机会听其他老师上课，虽然几乎每节课都是自己非常熟悉的内容，甚至相同内容的课还听过不止一次，但我总还会从一些提问、课堂设计等方面听出讲课者的独具匠心之处。

我们互相学习，互相听课，意义就在于此吧。大家同听一节课，同议一节课，带着欣赏的心态、发现的目光、求真求实的目的，了解别人的特点，审视自己的不足，促成自己的进步。（朱虹）

4 以前认为自己只要用心把所教内容讲解清楚就是完成教学任务，经过对比高效课堂才发现自己的课堂多么“惨白”，内容美、方法美、健康美涉及的实在太少。让每一个学生都能被自己的教学所吸引，这就要求自己的教学不仅要注重知识，还要注重知识的载体。（崔越）

5 经常有人说学数学的人都很聪明，做事有条理。数学潜移默化地影响着每个学生的行为。数学中的计算，要求学生必须具备细致、踏实的品质。一个小数点，一个符号，每一次加减乘除，都不能有丝毫马虎，稍有不慎就会出错。数学教育可以在训练运算技能中训练学生严于律己、一丝不苟的品质。数学知识的有序性可以启发学生做事有计划性。数学学习需要理性思维，而理性思维可以使人们减少一些过激行为，做事更理性，减少盲目性，避免一些冲动。数学的抽象性、简洁性，同样会对人们处理问题的方式产生影响。数学思想与其他思想一样都对人的行为具有指导作用。（刘秀辉）

6 从事教师这个职业以来，每天都面对一群富有个性的学生，特别是面对“问题学生”时，感觉自己实在无力。最近看了一篇文章，让我感触颇深：“教育就是要善于抓住一个人在某个瞬间的好行为、好想法，在发现中肯定，在肯定中激励，在激励中传播，在传播中影响每一个人。发现、培育、传播好的行为，造就好的行为，这才是教育的魅力。”其实我们在面对学生时，应该再从容一些，不必苛求“立竿见影”；应该再包容、耐心一些，不必苛求“都一样”。想通这些，作为教师的幸福感也就油然而生了。（刘彦丽）

7 教师的真正本领，主要不在于讲授知识，而在于激发学生的学习兴趣，唤起学生的求知欲望，让他们兴趣盎然地参与到教学过程中来，经过自己的思维活动和动手操作获得知识。学生一旦“学会”，享受到教学活动的成功喜悦，便会强化学习兴趣。这便是课改的魅力所在。（郭会会）

8 笑就是阳光，它能消除人们脸上的冬色。的确，微笑是人类最甜美、最动人的表情，微笑可以表达人们的喜爱，传递友善的信息，使人们显得可爱而有魅力。作为一名教师，面对正在生长发育中的孩子，就更加需要微笑。现代心理学研究表明，情绪和情感具有感染力，教师的微笑可以给学生营造一个美的氛围。微笑面对学生，不仅可以使教师赢得学生，也会使学生在教师的微笑中学会关心、体谅和善待他人，从而微笑着面对生活。（张爽）

9 导航再好，给的是方向，代替不了车。老师再好，给的是引领，代替不了你自己。平台再好，给的是机会，没有能力，依然做不起来。脚下的路，要你自己走；心中的梦没人替你圆。风吹雨打知生活，苦尽甘来懂人生。其实，人生就是经历、体验、升华。没有等来的辉煌，只有拼来的精彩！（郭利青）

10 人生就是不断进阶的过程，一步一个脚印，目标在升级，梦想在拉近，格局在放大，内心无比坚定且带光芒，温暖自己也照亮别人。时光会见证一路的成长与收获，我们终将活成自己曾经梦想过的模样。（郭利青）

11 最近读了几篇英语教学者写的文章，我开始思考如何将他们的教学经验内化为自己的方式，并展现在课堂上。英语学科的核心素养是：语言能力、文化品格、思维品质和学习能力。我想，在英语教学的路上，我要一直围绕这个理念去构思教法，不断学习、摸索，不断试验，希望使教学效果有显著提高，同时，也能让自身收获满满的“教师幸福感”。（臧艳）

12 什么是教育的幸福？有的说，教育的幸福来源于教师对教育深刻的理解和深切的体验。我觉得，教育的幸福是一种积极向上的进取，是一种永无止境的追求，是教师对教学的不断感悟，是教师对教育工作的深入理解，是教师用平常心书写的“育人”。教师的幸福感不仅来自领导、家长、学生的认同程度，更来自专业研究过程中所体现的成功感，来自自觉地对教育进行反思。（魏军）

13 爱学生即教育之爱，它本身就包含责任，这份责任必然要求老师努力提高自己的教育能力，丰富自己的教育智慧。师爱必然会将教师导向提升自己的专业素养，或者说师爱必须与职业精神相联系，要有民主与平等的现代意识，要有渊博的学科素养和厚重的文化底蕴，要有驾驭课堂的教学艺术。爱学生，既是从事教育工作的基本条件，又是教育事业的最高境界，我们得想方设法让他们在三年里有快乐，有收获，有故事，有成长，要给他们的未来留下初中三年充满人性的温馨记忆。

爱自己，做好自己，然后放手。当你给予自己足够的爱，你才可能好好爱别人；当你内在的值得感和配得感提升，你的生命才开始真正地绽放光芒；当你开始照顾好自己内心的感受，你才开始真正理解他人的感受。因为我们是一体的，只有先爱了自己，才能把爱传递给身边每一个人，包括家人和学生，不能想象一个内心缺爱的人能给学生爱，而没有爱的教育也不能称为教育。（冯艳景）